John Stuart Mill

dargestellt von Jürgen Gaulke

Rowohlt

rowohlts monographien begründet von Kurt Kusenberg
herausgegeben von Wolfgang Müller und Uwe Naumann

Redaktionsassistenz: Katrin Finkemeier
Umschlaggestaltung: Walter Hellmann
Vorderseite: John Stuart Mill. Ölgemälde von George Frederic Watts, 1873
(By courtesy of the National Portrait Gallery, London)
Rückseite: Titelseite der Volksausgabe der «Principles of Political Economy» von 1892
(Aus: John Stuart Mill: Principles of Political Economy with some of their Applications to Social Philosophy. London 1892)
Frontispiz: John Stuart Mill

Originalausgabe
Veröffentlicht im Rowohlt Taschenbuch Verlag GmbH,
Reinbek bei Hamburg, Januar 1996

Satz Times PostScript Linotype Library, Quark XPress 3.31
Gesamtherstellung Clausen & Bosse, Leck
Printed in Germany
1290-ISBN 3 499 50546 0

Inhalt

John Stuart Mill, 1865

Die Jugend: Ein einmaliges Erziehungsexperiment (1806–1825)

Ich wurde am 20. Mai 1806 als der älteste Sohn von James Mill, dem Verfasser der Geschichte von Britisch-Indien, in London geboren.[1] Mit diesem nüchternen Satz beginnt John Stuart Mill nach einer kurzen Vorrede seine *Autobiographie* (1873). Dieser Anfang schlägt drei Leitmotive seines Lebens an: die Dominanz des Vaters, der sogleich als Intellektueller eingeführt wird, die Bedeutung der «Geschichte von Britisch-Indien» und die Last, die auf ihm als dem Ältesten liegt. Seine Mutter erwähnt er nicht.

Mill hätte seine Autobiographie auch ganz anders beginnen können. Er war Gegenstand eines der ungewöhnlichsten Erziehungsexperimente der Neuzeit und ein Wunderkind. Dank seines unbestechlichen Verstands und seines Gerechtigkeitssinns wurde John Stuart Mill (1806–1873) der größte liberale Denker des neunzehnten Jahrhunderts. Seine Werke *Utilitarismus*, *Über Freiheit* und *Prinzipien der Politischen Ökonomie* avancierten früh zu Klassikern.

Doch dies alles schiebt Mill zur Seite. Ihm geht es in der *Autobiographie* – im Gegensatz zu vielen anderen Schreibern dieses Genres – nicht darum, seinen persönlichen Ruhm zu mehren. Das Buch dient ihm zur Auseinandersetzung mit dem starken Vater, der den Sohn zum Genie erziehen wollte und ihn zur *reinen Verstandesmaschine*[2] machte. Das Fehlen der emotionalen Dimension der Erziehung hat sich allerdings schnell gerächt. Zeit seines Lebens stand Mill im Konflikt zwischen Verstand und Gefühl. In seiner *Autobiographie* schildert er auch die psychische Krise, die sein Leben prägte, und den Einfluß einer erstaunlichen Frau.

Aber das ist zu weit vorgegriffen. Bleiben wir nüchtern – wie John Stuart Mill – bei den Fakten. Die Schlüsselfigur seines Lebens ist sein Vater, der Psychologe, Nationalökonom und Historiker James Mill (1773–1836). Als Sohn des Schuhmachers James Milne und des Dienstmädchens Isabel Fenton wuchs er in dem Dörfchen Northwater Bridge in der mittelschottischen Grafschaft Angus auf, knapp 40 Kilometer von Aberdeen entfernt. Seine Mutter war durch unglückliche Umstände Dienstmädchen geworden: Ihr Vater war 1745 mit Lord Ogilvie in den Krieg gezogen; als er zurückkehrte, war sein Gut zerstört. Die ehrgeizige Isabel wollte, daß ihr ältester Sohn die verlorene gesellschaftliche Position zurückerobert. Die erste Maßnahme: Sie änderte den im Dorf verbreiteten Nachnamen Milne in das weniger gebräuchliche Mill. Die einzige Chance für das erste von drei Kindern, diesem Milieu zu entkommen, war damals die Theologie. Der begabte James Mill hatte Glück: Seine Talente fielen Sir John Stuart of Fetterncairn auf, einem der Barone des schottischen Schatzamtes, damals ein hoher Beamtenposten ohne große Pflichten. Er schickte ihn 1790 auf Kosten der Stiftung seiner Frau, Lady Jane Stuart, und einiger anderer Damen auf die Universität von Edinburgh, um ihn für ein Amt in der schottischen Kirche ausbilden zu lassen.

Nach erfolgreich abgeschlossenem Studium wurde James Mill 1798 als Prediger zugelassen. Doch als Aushilfsprediger fand er wenig Resonanz: Die meist bäuerliche Dorfbevölkerung – auch in seinem Heimatort – verstand seine Predigten nicht. So konnte er in der Kirche keine Anstellung finden.[3] Er selbst hat allerdings die Darstellung bevorzugt, er habe sich dem Kirchendienst verweigert. *Er war sich darüber klargeworden, daß er weder an die Lehren dieser noch irgendeiner anderen Kirche glauben konnte.*[4] Nun blieb James Mill nur noch ein Weg: Er wurde Hauslehrer bei verschiedenen schottischen Familien. Doch sein Ehrgeiz war nicht befriedigt, und mit 29 Jahren beschloß er, sein Glück mit dem Schreiben zu versuchen. Er vertauschte 1802 die schottische Einsamkeit mit der Geschäftigkeit Londons. Nach sechs Monaten schaffte er den Sprung in die Redaktion der «Anti-Jacobian Review», nach einem Jahr wurde er Herausgeber der neuen Zeitschrift «Literary Journal», zwei Jahre später gab er auch die Tageszeitung «St. James Chronicle» heraus. Sein Einkommen belief sich auf 500 Pfund im Jahr, und seine Mutter dürfte stolz gewesen sein.

Dank der wirtschaftlichen Überlegenheit Großbritanniens war London damals das Zentrum der europäischen Welt. Auf der Insel entstanden die ersten industriellen Zentren, vor allem in der Textilindustrie. Allerdings litt das Land unter einem starken Bevölkerungswachstum: Zwischen 1700 und 1801 hatte sich die Einwohnerzahl auf 10,5 Millionen verdoppelt, im neunzehnten Jahrhundert verdreifachte sie sich noch einmal.

In London lernte James Mill seine Frau kennen: Am 5. Juni 1805 heiratete er die 23 Jahre alte Harriet Burrow, deren Mutter, eine attraktive Witwe, ein Irrenhaus in Hoxton führte. Das Paar war recht gegensätzlich. James Mill wird als klug, hübsch und selbstbewußt geschildert; er war moralisch integer und besaß große Willenskraft. Die zehn Jahre jüngere Harriet Burrow war ebenfalls hübsch, doch sie konnte ihrem Mann an Bildung und Entschlossenheit nicht das Wasser reichen. Dennoch war

James Mill (1773–1836)

die Ehe in der ersten Zeit glücklich, zumal Harriet Burrow die Bildungsanregungen ihres Mannes dankbar aufnahm. Das Paar lebte in der Rodney Street Nr. 12, Pentonville, in einem Haus, das Harriet Burrows Mutter für das junge Paar gekauft hatte. Dort wird 1806 das erste Kind John Stuart geboren. Bis 1825 bringt Harriet vier Söhne und fünf Töchter zur Welt.

Mit den Kindern aber beginnen die Sorgen. James Mill hatte zunächst nicht schlecht von den Erträgen seiner schriftstellerischen und herausgeberischen Arbeit gelebt. 1806 gibt er jedoch seine Tätigkeit als Journalist auf: Unzufrieden mit seinem Leben, strebt er nach Ruhm und Anerkennung und beginnt mit der Arbeit an seiner «History of British India» (Geschichte von Britisch-Indien), ohne dafür einen Verleger zu haben. Ursprünglich auf drei Jahre veranschlagt, zieht sich die Arbeit zwölf lange Jahre hin. Während dieser Zeit ist er immer wieder zu Lohnartikeln gezwungen, deren Ertrag das Auskommen der Familie aber nur mühsam sichert.

Belastet wurde die Ehe auch von den zunehmenden Launen des unzu-

England war im neunzehnten Jahrhundert das finanzielle Zentrum der Welt. Der Stahlstich von 1835 zeigt das Gebäude der Bank von England in London.

friedenen Mannes, der sich von Intellekt und Temperament seiner Frau enttäuscht zeigte. Umgekehrt hatte sich wohl auch Harriet als zuvor stets angebetete Schönheit mehr erhofft als ein Hausfrauendasein bei knappen Mitteln. Eine der Töchter schreibt dazu: «Das Eheleben meiner armen Mutter muß von Anfang bis Ende schrecklich hart gewesen sein. […] Es war das Beispiel zweier Menschen, Ehemann und Frau, die unter dem gleichen Dach so weit entfernt voneinander lebten wie der Nord- vom Südpol; sicherlich nicht durch die ‹Schuld› meiner armen Mutter, denn wie konnte eine Frau mit einer wachsenden Familie und sehr geringen finanziellen Mitteln (in den frühen Jahren der Ehe) irgend etwas anderes sein als eine ‹deutsche Hausfrau›? Wie konnte sie ‹intellektuell›

Wirtschaftlich führend war die britische Insel vor allem im Textilbereich. Die Handweber und -spinner, wie sie diese zeitgenössische Lithographie zeigt, konnten den rasch wachsenden Bedarf nicht mehr decken; es entstanden die ersten industriellen Zentren.

einem Geist wie meinem Vater eine Gefährtin werden? Was ihm völlig fehlte, war ‹Gemüt› […].»[5] In seiner Autobiographie verliert John Stuart kein Wort über seine Mutter. In einem frühen Entwurf hatte er bitter bemerkt: *Diese Seltenheit in England, eine wirklich warmherzige Mutter, hätte an erster Stelle meinen Vater zu einem vollkommen anderen Wesen gemacht und an zweiter Stelle die Kinder liebend und geliebt werdend aufgezogen. Aber meine Mutter wußte – mit den besten Absichten – nur, ihr Leben in Abplackerei für sie zu verbringen. Was immer sie für ihre Kinder tun konnte, tat sie, und sie mochten sie, weil sie freundlich zu ihnen war, doch sich selbst geliebt, bewundert oder sogar zum Vorbild zu machen, erforderte Qualitäten, die sie unglücklicherweise nicht besaß.*[6] Ähnliche Vorwürfe gegen den Vater erhebt er nicht.

Enttäuscht von der Ehe, suchte James Mill sein Glück in den politischen Diskussionen der Hauptstadt: Gegen den Konservatismus der Regierenden formierte sich der Liberalismus, dessen Anhänger vor allem aus der Schicht der Akademiker und Kaufleute stammten, also der neu

Jeremy Bentham (1748–1832).
Gemälde von Henry William Pickersgrill, 1829

entstehenden Bourgeoisie. Die Liberalen forderten die Freiheit des einzelnen und eine größere politische Beteiligung der Bürger. James Mill stürzt sich in diese Diskussionen und seine Projekte mit ungeheurer Willenskraft. Was immer er anfängt, macht er ganz.

So reagiert er auch 1808 auf eine neue Bekanntschaft: Er lernt den damals schon sechzigjährigen Rechtsanwalt und Philosophen Jeremy Bentham kennen. Bentham hatte den Utilitarismus begründet, eine Ethik der Nützlichkeit, die das Ziel des Handelns in der Nutzenmehrung möglichst vieler Menschen sieht. Er hatte damals noch keine Schüler, obwohl sein

Hauptwerk «Einführung in die Prinzipien der Moral und Gesetzgebung» bereits 1789 erschienen war. Mill wird zum Anhänger und Freund, er macht den Benthamismus zu einer politischen Bewegung, popularisiert und radikalisiert ihn.

Auch wenn James Mill Benthams utilitaristische Theorie dankbar aufnahm, waren die Unterschiede zu seinem Denken gravierend. Zwar vertrat auch Mill theoretisch einen Hedonismus, also die ethische Lehre, nach der die Lust das Ziel des menschlichen Handelns ist. Ihm fehlte aber das Verständnis der affektiven Seite des Menschen. Im Gegensatz zu Benthams (recht oberflächlichem) Optimismus war er von jeher pessimistisch und hielt Leid und Übel für vorherrschend in der Welt. John Stuart Mill schreibt, sein Vater sei, *obwohl den Freuden des Lebens nicht unzugänglich, der Auffassung […], daß nur sehr wenige dieser Freuden den Preis wert sind, der zumindest im gegenwärtigen Zustand der Gesellschaft dafür bezahlt werden muß*[7].

Gern nahm James Mill das Angebot des von ihm bewunderten Bentham an, in dessen Nähe zu ziehen: Im Haus Queen Square Nr. 1, Westminster, lebten die Mills von 1814 bis 1830, also fast bis zu Benthams Tod 1832. Die vier Sommer von 1815 bis 1818 verbrachte die Familie mit allen fünf Kindern auf Benthams Landsitz Ford Abbey in Devonshire.

Ford Abbey, Benthams Landsitz in Devonshire

Thomas Babington Macaulay (1800–1859). Gemälde von J. Partridge, 1849

1818 erscheint endlich die «Geschichte von Britisch-Indien». Das Werk wird sofort ein Erfolg. Lord Thomas Babington Macaulay nannte es das größte Geschichtswerk in englischer Sprache seit Edward Gibbons «Geschichte des Verfalls und Untergangs des Römischen Reiches» (1776–1788). Es führt die ersehnte Wende im Leben der Mills herbei: Endlich ist die Zeit materieller Entbehrungen vorbei. Sein Buch bringt James Mill im Mai 1819 den Posten eines Hilfsrevisors (Assistent Examiner) bei der Ostindischen Handels-Companie (East India Company), der Londoner Kolonialverwaltung für Indien, ein. Die Stelle sichert ihm ein gutes Gehalt von 800 Pfund im Jahr in einer verantwortungsvollen Position mit Aufstiegschancen, beschert ihm aber auch regelmäßige Anwesenheitspflichten von zehn Uhr morgens bis vier Uhr nachmittags bei einem Monat Urlaub im Jahr. Für die Familie war es eine Erleichterung – nicht nur finanziell: James Mill hatte nun endlich die Anerkennung gefunden, nach der ihn so sehr verlangte. Er machte schnell Karriere. Innerhalb von vier Jahren stieg er zum zweiten Mann in der Abteilung auf,

1830 wurde er zum Chefrevisor (Chief Examiner) ernannt. Sein Jahressalär kurz vor seinem Tod betrug 2000 Pfund.

Bis zu seiner Ernennung zum Hilfsrevisor hatte sich James Mill ganz auf sein Buch und die Erziehung seines Sohnes konzentriert. Seine neue Arbeitsstelle wird zum Einschnitt und beendet die Phase der völligen Kontrolle des Sohnes. Dennoch blieb James Mill die übermächtige Vaterfigur: Da seine Frau schon nicht der erhoffte intellektuelle Kamerad war, so sollte sein Sohn gar ein Genie werden. James Mill folgte dem Diktum des französischen Philosophen Claude-Adrien Helvétius, «L'éducation peut tout»[8]. Nach dessen Lehre konnte der Mensch durch Konditionierung in beliebiger Weise geformt werden. Praktisch setzte James Mill die Theorie in einem einmaligen pädagogischen Experiment um: der Erziehung seines ältesten Sohnes. Sein Motiv erläutert er bereits in einem Brief an seinen wohlhabenden Freund Sir William Forbes im Juli 1806, dem ebenfalls gerade ein Sohn geboren worden war: «Ich beabsichtige, mit Ihnen ein faires Rennen in der Erziehung eines Sohnes zu beginnen. Lassen Sie uns einen Wettstreit machen, wer von uns beiden in zwanzig Jahren den vollendeteren und tugendhafteren jungen Mann vorzeigen kann. [...] ich bin im Augenblick fest entschlossen zu sehen, was die Macht der Erziehung tun kann.»[9]

John Stuart Mill schildert das rigide Erziehungsprogramm und seine Folgen ausführlich über mehr als die Hälfte seiner Autobiographie, die damit zu einem der berühmtesten Quellentexte der historischen Pädagogik wurde. James Mill nahm die Erziehung des Sohnes selbst in die Hand, und John Stuart mußte sein Wissen an die jüngeren Geschwister weitergeben. Mit acht Jahren begann er 1814, seine zwei Jahre jüngere Schwester Wilhelmina – genannt Willie – zu unterrichten. Später kam seine 1810 geborene Schwester Clara hinzu. Den Lernerfolg des Sohnes überprüfte James Mill nicht nur an dessen Wissen, sondern auch am Wissen der Geschwister. Für ihre Fehler wurde John Stuart mitverantwortlich gemacht.

Der Tagesablauf war streng geregelt, wie ein Besucher auf Benthams Landsitz, Francis Place, schildert: «Mill steht zwischen fünf und sechs auf. Er und John prüfen seine Korrekturbögen. Willie und Clara kommen in den Salon vor sieben, und sobald die Korrekturbögen erledigt sind, geht John an das andere Ende des Raumes, um seine Schwestern zu unterrichten. Danach wendet er sich bis zum Frühstück um neun der Geometrie zu. Bentham steht bald nach sieben auf und beginnt um acht zu arbeiten. Nach dem Frühstück hört Mill unter einem breiten Balkon Willie, Clara und John zu ihren Lektionen ab. Alle Lektionen und das Lesen geschehen laut und nehmen drei Stunden in Anspruch, sagen wir bis ein Uhr. Von neun bis zwölf arbeitet Bentham weiter; von zwölf bis eins spielt er auf der Orgel im Salon. Um ein Uhr gehen wir alle drei für eine Stunde in den Wegen und Feldern spazieren. Um zwei begeben sich alle wieder an die Arbeit bis zum Abendessen um sechs, bei dem Frau Mill, Mill, Bentham, ich und Colls zusammen essen. Wir essen Suppe oder Fisch, oder beides, Fleisch, Auflauf, im allgemeinen Früchte, nämlich Melonen, Erdbeeren, Stachelbeeren, Johannisbeeren, Weintrauben; keinen Wein [...]. Nach dem Abendessen machen Mill und ich einen scharfen Spaziergang für zwei Stunden, sagen wir bis um Viertel nach acht, dann geht abwechselnd einer von uns beiden für eine Stunde mit Bentham; danach folgt Tee, zu dem wir Zeitschriften lesen, und immer wird es zu früh elf Uhr, und wir gehen alle zu Bett.» [10]

Von James Mills Kindern wurde jedoch lediglich John Stuart zum «Wunderkind». Im Alter von drei Jahren begann er mit Griechisch, indem er griechisch-englische Vokabellisten auswendig lernte. Danach wurde er sofort an die Originalliteratur herangeführt, ohne Umweg über die Grammatik: Seine ersten Bücher, Äsops «Fabeln» und Xenophons «Anabasis», las er im Original, allein durch Wiedererkennen der gelernten Wörter. Abends wurde John Stuart in Arithmetik unterrichtet. In seiner Autobiographie nennt er eine beeindruckende Lektüreliste: Innerhalb von vier Jahren las er «Die Erziehung des Kyros» (Kyroupädie) und Memorabilien von Xenophon, Herodot, Teile von Diogenes Laertius und Lukian, zwei Reden des Isokrates und sechs Dialoge des Platon. Er studierte englische Geschichte: Gibbon, den schottischen Historiker William Robertson, David Humes «Geschichte von Großbritannien» (8 Bände, 1754–1763), Robert Watsons «Philipp der Zweite» und sein Lieblingsbuch, «Philipp der Dritte», Nathaniel Hookes Geschichte Roms, Charles Rollin und Plutarch in englischer Übersetzung, Gilbert Burnets Geschichte seiner eigenen Zeit und das sogenannte «Annual Register», ein Jahrbuch, das die wichtigsten Ereignisse des vergangenen Jahres zusammenfaßte. Hinzu kamen Reisebeschreibungen von George Anson und James Cook, «Robinson Crusoe» sowie die «Geschichten aus 1001 Nacht», «Don Quijote», Maria Edgeworths Erzählungen und vieles mehr.

Mit acht Jahren folgte 1814 Latein. Er liest Publius Vergilius Maros «Bucolica» (Hirtengedichte), die ersten sechs Bücher der «Aeneis», Horaz ohne die Epoden, die Äsopischen Fabeln von Phädrus, die ersten fünf Bücher des «Vom Ursprung der Stadt an» von Titus Livius, Sallust, Ovids «Metamorphosen», Komödien von Terenz, mehrere Bücher von Lukrez, Reden von Cicero sowie dessen «De Oratore» (Über den Redner) und Briefe an Atticus sowie Tacitus, Quintilianus und Juvenal. Im Griechischen liest er den ganzen Homer, Stücke von Sophokles, Euripides und Aristophanes, alle Werke von Thukydides, die «Hellenika» (Griechische Geschichte) von Xenophon, fast alles von Demosthenes,

Äschines und Lysias, Theokrit, Anakreon, eine Auswahl von Dionysios und mehrere Werke von Polybios. Das Studium der Mathematik wird um die Geometrie nach Euklid und die Algebra nach Euler erweitert.

Mit zehn Jahren kommt die Differentialrechnung hinzu. James Mills Methode bestand darin, sich von seinem Sohn regelmäßig mündliche und schriftliche Zusammenfassungen des Gelernten und Kommentare dazu geben zu lassen – eine hervorragende Methode, ihn Präzision und Klarheit des Ausdrucks zu lehren. Die klare Darlegung auch verwickelter Probleme zählt später zu den großen Stärken seiner Schriften. Sie diskutierten nicht nur zu Hause, sondern vor allem auf langen Spaziergängen, die Mills Vater – auch aus gesundheitlichen Gründen – sehr liebte. Zu Hause saßen sie meist im selben Raum. Der Vater arbeitete an seinem Indien-Buch, Mill saß über seinen Aufgaben und mußte abwägen, ob er wagen sollte, seinen Vater mit Fragen zu stören. James Mill überforderte seinen Sohn häufig; geäußerte unreife Meinungen des Sohnes wurden nicht durch sokratische Fragen auf ihren wahren Kern gebracht, sondern sogleich scharf angegriffen und erledigt. James Mill verwendete die heuristische Methode: Was immer sein Sohn durch eigenes Nachdenken finden konnte, mußte er selbst finden – ohne seine Hilfe. *Ein Schüler, von dem niemals etwas verlangt wird, was er nicht kann, tut nie alles, was er kann.*[11] John Stuarts Selbstvertrauen aber blieb angesichts der ständigen Überforderung sein Leben lang unterentwickelt. Die strenge Erziehung nach Plan führte dazu, daß John Stuart zwar ein hervorragender Analytiker, aber kein sonderlich kreativer und origineller Kopf wurde.

Gleichwohl erreichte James Mill sein Ziel, ein Wunderkind zu produzieren. Mit zwölf Jahren schrieb sein Sohn sein erstes Buch, eine Geschichte der römischen Regierungsgrundsätze anhand von Hooke, Livius und Dionysios, das John Stuart selbst allerdings später vernichtete. Sehr wichtig war Mills Vater das Reimen: Als Gründe nannte er, daß sich viele Dinge in Reimform besser und einprägsamer ausdrücken ließen als in Prosa und daß die Menschen Verse hochschätzten – wenn dies ihm auch ungerechtfertigt erscheine. Unter den Literaten lernte Mill natürlich William Shakespeare kennen, bei dem sein Vater allerdings vor einer zu großen Bewunderung warnte. Außerdem las Mill John Milton, Oliver Goldsmith, Robert Burns, Thomas Gray, Edmund Spensers «Feenkönigin», Walter Scotts Romanzen, Stücke von William Cowper und James Beattie und später auch Balladen von Thomas Campbell. John Stuart begeisterte diese Poesie, eine literarische Ader hatte er allerdings nicht, auch wenn er sich selbst zeitweilig im Schreiben von Tragödien versuchte.

Von großer Bedeutung war die frühe Unterrichtung in der Logik. John Stuart las Aristoteles' «Organon» bis zu den beiden Analytiken und einige

Das Haus Nr. 1 am Queen Square, Westminster – Wohnsitz der Familie Mill von 1814 bis 1830

David Ricardo (1772–1823). Nach einem Gemälde von Thomas Philips

scholastische Abhandlungen und Hobbes' «Computatio sive Logica». Mill selbst erkannte den Wert dieser Schulung[12]: Er habe zwar nicht alles verstanden, was er gelesen habe oder was ihm sein Vater erläuterte, doch habe die Logik seine Denkfähigkeit entwickelt. Sie lehrte ihn, Gedanken zu analysieren, ihre Widersprüche zu erkennen und im eigenen Denken eindeutig zu sein. *Die erste intellektuelle Vorgehensweise, in welcher ich eine gewisse Fertigkeit erlangte, war das Zerlegen eines schlechten Argumentes und die Suche, in welchem Teil der Fehlschluß lag.*[13]

Dem Dreizehnjährigen gibt James Mill 1819 einen Kurs in Nationalökonomie. Zunächst geschieht dies auf Spaziergängen, dann liest Mill David Ricardos «Prinzipien der Politischen Ökonomie und der Besteuerung» (1817) und danach den Begründer der Nationalökonomie, Adam Smith, den sein Vater jedoch für oberflächlich hielt. James Mill hatte den schüchternen Ökonomen Ricardo 1811 bei Bentham kennengelernt und ihn zur Veröffentlichung der «Prinzipien» gedrängt. Wieder mußte John Stuart die Erläuterungen des Vaters während der Spaziergänge schriftlich zusammenfassen. Sie erschienen 1821 unter dem Namen seines Vaters als einführendes Lehrbuch mit dem Titel «Elemente der Politischen Ökonomie».

Mill sagte später, daß er *mit einem Vorsprung von einem ganzen Vierteljahrhundert vor seinen Zeitgenossen ins Leben ging*[14]. Er sei von Natur aus weder mit einem sehr guten Gedächtnis noch mit auffallend raschem Auffassungsvermögen oder besonderer Willensstärke begabt gewesen, die frühe Erziehung habe also hervorragende Ergebnisse gezeigt. *Jedem Jungen oder Mädchen von gesunder Körperbeschaffenheit und Durchschnittsbegabung*[15] wäre das Gleiche möglich gewesen. In diesem Urteil spiegelt sich der Glaube des achtzehnten Jahrhunderts an die natürliche Gleichheit der Menschen ebenso wie die eindringliche Ermahnung seines Vaters, seinen Vorsprung nicht sich selbst, sondern nur seiner Erziehung zuzuschreiben. In einer Studie über 300 Wunderkinder wird John Stuart Mill der höchste Intelligenzquotient zugeschrieben, was aber auch an der detaillierten Überlieferung seiner Erziehung liegen kann.[16]

Wie Rousseaus Émile wurde Mill bis zu seinem vierzehnten Lebensjahr von seinem Vater gegen alle äußeren Einflüsse abgeschirmt. Er hatte nur Kontakt zu den Freunden seines Vaters: Bentham, Ricardo und Francis Place, dem Arbeiterführer und radikalen Schneider von Charing Cross, mit denen er bald fachliche Gespräche führte. Andere Kinder außer seinen Geschwistern lernte er nicht kennen, weder privat noch in der Schule. James Mill glaubte, die Schule würde die Kinder lediglich verderben.

Diese Isolation war der kritischste Punkt von Mills Erziehung. *Ich war nie ein Knabe, ich habe nie Cricket gespielt. Es ist besser, die Natur ihren eigenen Weg gehen zu lassen.*[17] Er wurde nie geliebt, war nie unbeschwert, sein Vater forderte immer nur Leistung von ihm. Die aufwendige Erziehung diente James Mill vor allem zur Befriedigung seines eigenen Ehrgeizes. Selbst unfähig, Gefühle zu zeigen, hielt er jegliche Gefühlswelt von seinem Sohn fern. Bis zum Alter von siebzehn war John Stuart eine in den Bahnen von Bentham denkende *Verstandesmaschine*[18] geworden, eine bloße Kopie seines Vaters. Alles, was er war, wurde ihm aufoktroyiert. Seine Lektüre und selbst seine Gedanken hatte ihm sein Vater diktiert. Alles Eigenständige in seinem Kind hatte er unterdrückt.

Mills Bilanz in einem frühen Entwurf seiner Autobiographie: *Ich wuchs auf mit einem Gefühl des Eingesperrtseins. Ich hatte niemanden, dem ich alles zu sagen wünschte, was ich fühlte, und bei der einzigen Person, mit der ich in engem Kontakt stand, zu der ich aufschaute, hatte ich zuviel Angst, um mit ihr über irgendeine Handlung oder ein Gefühl zu sprechen, das jemals einem freien Impuls oder einer spontanen Neigung entsprang. Noch ein anderes Übel teilte ich mit vielen Söhnen energischer Väter. Es ist nicht günstig für die Willensstärke, während der ganzen Kindheit unter der ständigen Herrschaft eines starken Willens zu sein. Ich war so gewohnt, gesagt zu bekommen, was zu tun war – entweder in Form eines direkten Befehls oder durch einen Tadel, weil ich es nicht getan hatte –, daß ich die Gewohnheit annahm, meine Verantwortlichkeit als moralisch Handelnder auf meinem Vater zu übertragen und mein Gewissen niemals zu mir sprechen zu lassen außer durch seine Stimme.*[19] Seine Zusammenfassung: *So wuchs ich auf im Mangel an Liebe und in ständiger Angst.*[20] In der Druckfassung ließ er diese Stellen weg.

Das Erziehungsprogramm seines Vaters war unerbittlich – auch in der Bereitung des Weges in die Selbständigkeit. Mit vierzehn Jahren entließ ihn der Vater aus seiner strengen Aufsicht: Nun sollte der bisher isolierte Sohn unter die Menschen kommen. Von Mai 1820 bis Juli 1821 fuhr John Stuart nach Frankreich. In Paris lernte er den französischen Ökonomen Jean Baptiste Say kennen. Er besuchte Sir Samuel Bentham, einen Bruder Jeremys, der als weitgereister Soldat weit toleranter und weltlicher orientiert war. Samuel Bentham wohnte mit seiner Frau und vier Kindern auf Schloß Perpigneau in der Nähe von Toulouse. Dort lernte Mill

Jean Baptiste Say
(1767–1832)

Samuel Bentham (1757–1831). Gemälde von Henry Edridge

binnen sechs Monaten französisch, weil die Benthams alle anderen Bücher weggeschlossen hatten. Er übte sich im Klavierspiel, Fechten, Reiten und Tanzen und schwamm täglich in der Garonne. Seine bisher durch die Erziehung unterentwickelte Körperbeherrschung besserte sich dennoch nur unwesentlich.

Überwaltigend wirkte auf Mill die Natur. Im August unternahm die ganze Familie Bentham mit ihm eine Tour in die Pyrenäen. Eine ganz neue Welt öffnete sich John Stuart: Der Anblick der Berge weckte tiefe Gefühle in ihm. Die mangelnde Erfahrung mit Gefühlen ließ ihn sogleich ins andere Extrem fallen, die totale Begeisterung. Für Mill wurde die Romantik das Gegenmittel zur Erziehung seines Vaters: In ihr fand er die Rebellion gegen den sterilen Klassizismus und damit auch gegen den Rationalismus. Sie betonte und übersteigerte Gefühl, Kreativität und Spontaneität, betrieb einen Natur- und Geniekult und versuchte, Idealen nachzustreben. Auch die Wahrnehmung der französischen Lebensart zeigt John Stuarts Übersteigerung aller Gefühle: Er bemerkt *den Unterschied zwischen der offenen Geselligkeit und Liebenswürdigkeit des französischen persönlichen Umgangs und der englischen Art der Existenz, in der jedermann handelt, als ob jeder andere (mit wenigen oder keinen Ausnahmen) entweder ein Feind oder ein Langweiler wäre*[21].

George, der Sohn von Samuel Bentham, weckte John Stuarts lebenslanges Interesse an Botanik. Das Fachgebiet entsprach seiner Neigung zur Klassifizierung. Sein ursprünglich nur auf sechs Monate angelegter Aufenthalt wurde auf Wunsch der Benthams, die den bescheidenen, immer noch unfertigen und naiven Jungen in ihr Herz geschlossen hatten, um weitere sechs Monate verlängert. Mill nahm es dankbar auf. Sein Leben lang sollte er Frankreich verbunden bleiben.

Der Aufenthalt in Frankreich wird zur Wende in Mills Leben. Nach seiner Rückkehr im Juli 1821 beginnt er sich allmählich von seinem Vater zu lösen, auch wenn er zunächst noch in dessen Bahnen bleibt. Er beschäftigt sich mit der Französischen Revolution und liest psychologische und philosophische Werke: «Abhandlung über die Empfindungen» und «Cours d'études» von Étienne Bonnot de Condillac, John Locke, Helvétius' «De l'Esprit», David Hartleys «Beobachtungen über den Menschen», George Berkeley, die philosophischen Werke von David Hume, Thomas Reid, Dugald Stewart sowie Thomas Browns «Untersuchung über die Beziehung von Ursache und Wirkung». Weiterhin schreibt Mill zu diesen Lektüren ausführliche Analysen, die er seinem Vater vorlegt: Er sucht weiter dessen Anerkennung.

Vor allem aber studierte John Stuart nach seiner Rückkehr aus Frankreich zum erstenmal systematisch den Benthamismus. Bentham und James Mill wollten ein gemeinsames wissenschaftliches Fundament der empiristischen Erkenntnistheorie Francis Bacons, Lockes und Humes, der utilitaristischen Ethik Humes und der metaphysikkritischen französischen Aufklärung schaffen. Dieses gemeinsame Fundament war die Assoziationspsychologie. Sie war von David Hartley 1749 im Anschluß an Hume entwickelt worden und erklärte sämtliche Bewußtseinsphänomene als assoziative Verknüpfungen von Empfindungen (sensations) und ihren Abbildern, den Vorstellungen (ideas). Die Philosophie sollte ausschließlich auf Sinneserfahrungen und einigen wenigen evidenten Prinzipien beruhen. Nach Hartley gibt es keine angeborenen moralischen Werte: Sie entstehen aus der assoziativen Verknüpfung von Handlungen mit ihren Folgen, die zur Gewohnheit geworden ist. Aus der Assoziationspsychologie sollten eine auf Erfahrung begründete und an den Folgen der Handlungen orientierte Ethik, Politik und Erziehung erwachsen.

Drei Bücher formen das neue Weltbild John Stuarts. Das erste Buch war die «Analyse des Einflusses der natürlichen Religion auf das zeitliche Glück der Menschheit», das unter dem Pseudonym «Philip Beaucamp» erschienen war, hinter dem sich James Mills Schüler und John Stuarts Freund George Grote verbarg. Er hatte die Notizbücher Benthams ausgewertet. Das Buch griff die These an, daß gewisse religiöse Sanktionen notwendig seien, um die Moralität der Mehrheit der Menschen zu si-

David Hume (1711–1776). Gemälde von Allan Ramsay, 1754

chern. Mill fühlte sich bestätigt: *Ich wurde von Anfang an ohne irgendeine religiöse Überzeugung im gewöhnlichen Sinne des Wortes erzogen.*[22]

Ein zweites einflußreiches Werk war der «Traité des Legislation» von Pierre Étienne Dumont, das ihm sein Vater gegeben hatte. Das Werk entwarf Benthams Philosophie als System. Es beginnt mit den berühmten Worten Benthams: «Die Natur hat die Menschheit unter die Regierung von zwei souveränen Staaten gestellt: Schmerz und Lust [pleasure]. Sie allein zeigen an, was wir tun sollten, ebenso wie sie auch bestimmen, was wir tun werden.» Bentham gab Mill durch sein Prinzip des «größten Glücks der größten Zahl» eine Regel an die Hand. Damit gewannen die unklaren Begriffe der Moral und der Sozialwissenschaften einen klaren Maßstab. Das Werk lieferte Mill eine eigene Weltanschauung: *Als ich den letzten Band des Traité niederlegte, war ich ein ganz anderer Mensch. Das Nützlichkeitsprinzip, wie es Bentham verstand, bildete nun den Schlußstein, der all die losgerissenen fragmentarischen Teile meines seithe-*

George Grote (1794–1871). Gemälde von Thomas Stewardson, 1824

rigen Glaubens und Wissens zusammenhielt, und verlieh meinen Vorstellungen innere Einheit. Ich hatte jetzt Ansichten, einen Glauben, eine Lehre, eine Philosophie und, in einer der besten Bedeutungen dieses Wortes, eine Religion, deren Predigt und Verbreitung zur äußeren Hauptaufgabe meines Lebens gemacht werden konnte. Welche Veränderungen ließen sich durch diese Lehre in der Lage des Menschen bewirken.[23] Mill erkannte sogleich die Bedeutung dieser Theorie für die Gesetzgebung. Mit dem Nützlichkeitsprinzip konnte jede Handlung nach ihrem Wert beurteilt werden.

Benthams Theorie war die schärfste gesellschaftspolitische Zuspitzung des Utilitarismus, dessen Wurzeln bis in die Antike zurückreichen. Seine großen Stichworte sind «Lust», «Glück» und «Nützlichkeit», die für alle Menschen maximiert werden sollen. Damit vermischt der Utilitarismus Elemente von Hedonismus, Eudämonismus – der Glückseligkeit als Ziel hat – und Materialismus mit einem christlichen Universalismus. Der Gedanke, daß Lust oder Vergnügen das Ziel sittlichen Handelns sein kann, findet sich bereits in der Theorie des Hedonismus (griechisch hedoné = Lust), ist dort aber eine rein individualistische Moral. Eine universalistische Ethik, die das Glück aller anstrebt, kommt erst mit dem Christentum auf, das aber den Hedonismus ablehnt. Je nach Akzentsetzung kann damit der Utilitarismus ideengeschichtlich als verderbte Quasi-Ethik des opportunistischen Eigeninteresses interpretiert werden oder aber als Ethik der Wohltaten und des Altruismus, dessen Wurzeln bis in die christliche Ethik hineinreichen. Mill verfolgt eindeutig letztere Linie.

Das dritte Werk mit großem Einfluß auf Mill und sein Denken war «Rationale of Judicial Evidence», ein Werk Benthams, das John Stuart Mill selbst herausgab. Das war keine leichte Aufgabe, denn Benthams Werke sind äußerst unzugänglich in Sprache und Argumentation. Zudem mußte er aus den mittlerweile existierenden drei Versionen Benthams eine Synthese bilden, die Lücken zwischen den Fragmenten füllen und auf die Einwände von Kritikern antworten. Es wurden fünf Bände, die ihn ein Jahr lang beschäftigten und im April 1827 erschienen.

Nach seiner Rückkehr aus Frankreich mußte John Stuart Mill auch einen Beruf wählen. Er entschied sich für das Jurastudium, nicht zuletzt wegen Bentham, der ebenfalls Jurist war. Der Förderer seines Vaters, Sir John Stuart, war kürzlich gestorben und hatte James Mill 500 Pfund für das Studium seines Sohnes in Cambridge hinterlassen. Dies lehnte James Mill jedoch ab, weil sein Sohn dort seiner Ansicht nach nicht mehr viel lernen konnte und eher verdorben würde. In Wahrheit wollte James Mill wohl seinen Einfluß nicht verlieren. Statt dessen ließ er ihn privat vom Bentham-Anhänger John Austin unterrichten. Dessen Frau, die Übersetzerin Sarah Austin, lehrte John Stuart Mill die deutsche Sprache.

Sarah Austin (1793–1867).
Gemälde von John Linnell, 1834

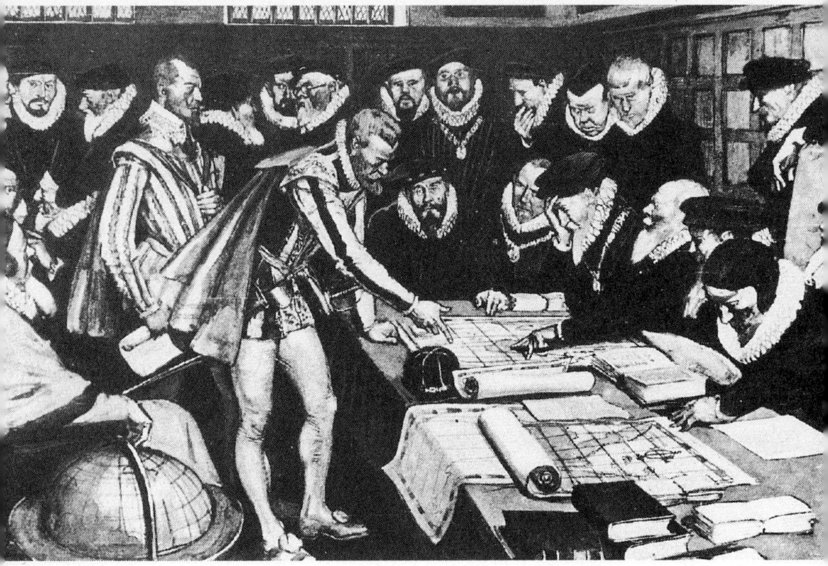

Gründung der Ostindischen Handels-Companie in der Founders' Hall in London, 1599. Aquatinta von Walter L. Colls nach einem Gemälde von Maurice Greiffenhagen

John Stuart gab die Juristerei jedoch bald wieder auf und trat am 21. Mai 1823, am Tage nach seinem siebzehnten Geburtstag, auf Empfehlung und Wunsch seines Vaters als Junior-Angestellter in die Ostindische Handels-Companie ein, wo er 35 Jahre blieb. Er verdiente anfangs 30 Pfund im Jahr und unterstand direkt seinem Vater. Wie James Mill fand er trotz der regelmäßigen Arbeitszeit noch genügend Zeit zum Schreiben. Seine Methode war schlicht: Zu erledigende Sachen wurden so lange angehäuft, bis sie rasch und mit leichtem Widerwillen abgetragen werden konnten. So brauchte er nur die Hälfte seiner Bürozeit für die Arbeit, den Rest widmete er Diskussionen mit seinen Freunden oder dem Schreiben des größeren Teils der *Logik* und der *Politischen Ökonomie*. Fast alle seine privaten Briefe sind in diesen Stunden entstanden. Hinter der dicken grünen Tür am Ende des gasbeleuchteten, fast 100 Meter langen Flures in der Leadenhall Street saß Mill in einem kahlen Büro, in dem es nach Kokosnuß, Tinte und Kohlenstaub roch. Pünktlich zu Dienstbeginn nahm er ein gekochtes Ei zu sich. Er schrieb aufrecht stehend an einem Mahagoni-Schreibpult. Aus dem Fenster blickte er über einen von geklinkerten Mauern gesäumten Hof, regelmäßig konnte er die Schläge einer großen Turmuhr hören. Normalerweise trug Mill einen schwarzen Kittelmantel von altmodischem, kantigem Schnitt und dazu eine schwarze seidene Krawatte, die eng um einen weißen baumwollenen Flügelkragen geschlungen war. Er war groß und knochig und ging leicht gebeugt. Trotz seiner an sich wenig karrierefördernden Arbeitseinteilung hatte Mill beruflich Erfolg: 1836 war er bereits der dritthöchste Beamte dieser Behörde mit einem Jahresgehalt von 1200 Pfund. Finanziell war er gut abgesichert, bei stets bescheidener Lebensführung konnte er sogar befreundeten Philosophen wie Auguste Comte unter die Arme greifen. Er war aller materiellen Sorgen enthoben und blieb durch den Beruf zudem in Kontakt mit den Realitäten des Lebens.

Für Mill begann 1822 die Phase des *jugendlichen Propagandismus*[24], die bis 1826 dauerte. *Ich hatte, was wirklich ein Ziel des Lebens genannt werden kann: ein Reformer der Welt zu sein. Mein Begriff meiner eigenen Glückseligkeit war vollkommen mit diesem Ziel identisch.*[25] Das entsprach dem Geist seiner Zeit: Schon nach dem Wiener Kongreß hatte sich in England eine Reformbewegung gebildet. Sie wurde unterstützt durch die wirtschaftliche Krise nach dem Krieg gegen Napoleon, die zu Entlassungen und Hungerlöhnen führte. 1819 kam es zum Massaker von Peterloo, als bewaffnete Reiter gegen eine Reformversammlung von 50000

Privilegienbrief der Ostindien-Companie, mit dem König Wilhelm III. von England 1698 deren Vorrechte erneuerte

Das Peterloo-Massaker
in Manchester, 1819

Menschen in St. Peter's Field in Manchester einschritten. Nun sahen auch die Tories – die Partei der Großgrundbesitzer, des Landadels, der Akademiker, Beamten und Militärs – die Notwendigkeit von Reformen. Ihre Bemühungen führten schließlich 1832 zum Great Reform Bill, das viele Mißstände des Wahlrechts beseitigte.

Um der Reformbewegung mehr intellektuelle Kraft zu verleihen, gründete John Stuart Mill im Winter 1822/23 die Utilitarian Society. Der Name wurde nach der Bezeichnung eines vom Evangelium Abgefallenen in John Galts schottischem Roman «The Annals of the Parish» (1821)

gewählt. Die Utilitaristische Gesellschaft traf sich bis 1826 alle vierzehn Tage in Benthams Haus. Dort wurden Fragen der Ethik, Politik und des Rechts diskutiert. Zu den Mitgliedern – es waren nie mehr als zehn – zählten William Eyton Tooke, Sohn von Thomas Tooke, dem Gründer des älteren Political Economy Club, einer Ricardianischen Vereinigung, bei deren Gründung James Mill eine wichtige Rolle gespielt hatte, Tookes Freund William Ellis, George John Graham und John Arthur Roebuck. Roebuck schildert die Zusammenkünfte so: «Wir trafen uns in einer niedrigen, halb-möblierten, trostlosen Art von Zimmer [...]. Der

John Arthur Roebuck (1801–1879)

Raum wurde von einigen Talgkerzen erhellt. Ein Tisch wurde an das Kopfende des Raums gezogen; an diesem Tisch saß der Vorsitzende, und einige halb Dutzend junge Männer saßen in Stühlen im Raum herum und bildeten die Gesellschaft.»[26] Zum weiteren Kreis zählten Grote, John und Charles Austin, Macaulay und der spätere Lord John Romilly. Die Anhänger Benthams nannten sich «Radicals». Sie verbanden philosophische Kritik mit politischer Agitation: die utilitaristische Rechtstheorie mit der Forderung nach einer Rechtsreform, die Theorie der parlamentarischen Demokratie mit der Forderung nach einer Ausdehnung des Wahlrechts, die Politische Ökonomie mit der Forderung nach Aufhebung der Handelsbeschränkungen und die utilitaristische Ethik mit der Forderung nach einer Reform des Erziehungswesens. In diesem Diskussionskreis profilierte sich John Stuart Mill – trotz seiner dünnen Stimme – in seinen Reden schnell als herausragender Vertreter der radikalen Philosophie. Gleichzeitig erschienen als seine erste Veröffentlichung einige

Thomas Robert Malthus (1766–1834). Stich von Fournier nach einem Gemälde von John Linnell

Briefe zur Verteidigung Ricardos und James Mills gegen die Angriffe von Colonel Robert Torrens 1822 im «Traveller». Mill veröffentlichte weitere drei Briefe in der radikalen Publikation «Morning Chronicle», die von John Black quasi im Alleingang herausgegeben wurde, in denen er die gerichtliche Verfolgung Richard Carliles wegen angeblich christenfeindlicher Veröffentlichungen anprangerte.

Ein Ereignis in seinem Leben verschweigt Mill in der Autobiographie. Um zu seinem Arbeitsplatz in der Leadenhall Street zu gelangen, spazierte er jeden Morgen durch den St. James Park. Im Sommer 1823 wurde er dort wegen «Verteilens obszöner Literatur» verhaftet. Es handelte sich um einen Traktat zur Geburtenkontrolle, den er unter die Arbeiter bringen wollte. Francis Place hatte ein Pamphlet «Für verheiratete Arbeiter» verfaßt, in dem er die pessimistische Bevölkerungstheorie von Thomas Robert Malthus popularisierte, nach der die Bevölkerung schneller wächst als die Nahrungsmittelproduktion. Er wandte sich aber gegen die sexuelle Zurückhaltung und empfahl statt dessen Pariser Methoden. Das Flugblatt wurde in großen Stapeln unter den Marktständen versteckt und als Wickelmaterial für Kerzen verwendet.[27] Zusammen mit einem unbekannten Freund verteilte auch Mill diese Flugblätter. Sie wurden erwischt, aber – vermutlich dank ihres guten Namens – nach einer Nacht im Gefängnis wieder freigelassen.

Zwischen 1825 und 1830 bildete sich noch eine weitere Gesellschaft: Etwa ein Dutzend junger Männer traf sich zweimal wöchentlich von halb acht bis zehn Uhr morgens vor dem Büro im Haus des Bankiers George Grote in der Threadneedle Street. Bei diesen Treffen ging es vor allem um Volkswirtschaft und Psychologie. Gelesen wurden James Mills «Elemente der politischen Ökonomie», Ricardos «Prinzipien», Samuel Baileys Schrift «Über den Wert» (1825), einige Bücher über Logik, Arbeiten von Hartley und James Mills «Analyse des menschlichen Geistes» (1828). Ein Teilnehmer las einen Abschnitt vor, danach wurde darüber diskutiert, und zwar so lange, bis jeder mit seiner Antwort auf das Problem zufrieden war.

Die Clubs stillten Mills Nachholbedarf an Kommunikation und Freundschaft. Er befreundete sich eng mit Roebuck und Graham. 1825 gründete Mill noch eine dritte Vereinigung, den Debattierclub «Speculative Debating Society», der bis 1829 bestand. Dort trafen sich Anhänger des englischen Sozialisten Robert Owen, aber auch christlich-soziale Anhänger der konservativen Partei. Mit den Diskussionen in den Clubs datiert Mill den Beginn seines eigenen, unabhängigen Denkens. Durch die schriftliche Vorbereitung seiner Reden verbesserte sich sein Stil. Diskutiert wurden auch methodische Probleme.

1824 trug sich James Mill mit dem Gedanken der Gründung einer Radikalen Partei, für die er ein Programm entwarf. Zunächst aber erschien im Januar 1822 die erste Nummer der «Westminster Review», bei deren Gründung er eine entscheidende Rolle spielte. Die Herausgeberschaft konnte er wegen seines Postens in der Ostindischen Handels-Companie nicht übernehmen. Als Mitarbeiter dieses Organs der Radikalen fungierten John Austin, der Bankierssohn George Grote, der Kolumnist Albany Fonblanque, Charles Austin, Eyton Tooke, Graham und Roebuck. Die Zeitschrift richtete sich vor allem gegen die 1802 gegründete «Edinburgh Review», das Blatt der Aristokraten und Tories, sowie die konservative «Quarterly Review». Bereits die erste Nummer erreichte eine Auflage von 3000 Exemplaren.

Ab der zweiten Nummer erscheinen auch Artikel von John Stuart Mill: In den ersten achtzehn Ausgaben ist er dreizehnmal vertreten und damit der fleißigste Mitarbeiter. Seine Themen spiegeln ein großes Spektrum wider: Logik, Ethik, Politik und Literatur. Im Januar 1828 erscheint

Robert Owen
(1771–1858)

seine Besprechung von Richard Whatelys «Logic», in der bereits einige Fragen seiner späteren *Logik* aufgeworfen werden. Unter John Stuart Mills Einfluß bewegen sich die Philosophical Radicals von einem strengen Utilitarismus zu offeneren Haltungen. In der «Westminster Review» lenkt Mill die Aufmerksamkeit auf praktische Politik und Gegenwartsliteratur. Er räumt jungen Coleridgeanern und konservativen Autoren Platz ein, um sektiererische Tendenzen aufzulösen und der Reformbewegung der Radikalen mehr Kraft zu verleihen. John Stuart Mill selbst schreibt Rezensionen zur frühen Poesie von Alfred Lord Tennyson, zu Alfred de Vigny und zu Thomas Carlyles «Französischer Revolution».

Die seelische Krise: Wendepunkt in Mills Leben (1825–1830)

Mitte der zwanziger Jahre scheint Mill nach außen hin allen Grund zur Zufriedenheit zu haben: Er ist vielbeschäftigt und produktiv, diskutiert in mehreren Clubs, schreibt Artikel, arbeitet in der Ostindischen Handels-Companie, unternimmt lange Spaziergänge mit Freunden und verantwortet immer noch die Erziehung seiner jüngeren Geschwister. Doch der Schein trügt: In einem ganzen Kapitel seiner *Autobiographie* gibt Mill den bewegenden Bericht seiner seelischen Krise. Der Erfolg des rigiden Erziehungsexperiments fordert einen hohen Preis: Die Bildung des Kopfes hatte die Bildung des Herzens behindert. Im Alter von zwanzig Jahren durchlebt John Stuart von November 1826 bis März 1827 eine tiefe Depression, die durch Überarbeitung noch gefördert wird. Auch später litt Mill wiederholt unter nervösen Störungen und Erschöpfungszuständen, die ihren Ursprung vermutlich ebenfalls in dem strengen Erziehungsregiment haben.

Die Krise beginnt im Herbst 1826, als Mill durch die harte Arbeit als Herausgeber der «Rationale of Juridical Evidence» von Bentham erschöpft ist. Auf einmal bereiten ihm die Lieblingsdinge und -dichter keine Freude mehr. Er kann seinen Beruf nur noch als Routine ausüben. Mill selbst erklärt die Depression körperlich durch eine Nervenabspannung, der jeder Mensch manchmal ausgesetzt sei. *Mein Vater, zu dem ich in praktischen Fragen naturgemäß meine Zuflucht nahm, war die letzte Person, von der ich im vorliegenden Falle Hilfe erwartete; denn alles überzeugte mich, daß er von einem solchen seelischen Zustand keine Kenntnis hatte, und selbst wenn es mir gelungen wäre, ihm ein Verständnis dafür beizubringen, so war er sicherlich nicht der Arzt, der ihn hätte heilen können. Meine Erziehung war ganz sein Werk und ohne Rücksicht auf die Möglichkeit eines solchen Ausgangs geleitet worden; was nützte es daher, ihm die Pein des Gedankens zu bereiten, daß sein Plan verfehlt gewesen, wenn das Übel nicht geheilt oder jedenfalls nicht durch seine Mittel geheilt werden konnte?*[28] Mill erkennt auf einmal den größten Mangel seiner Erziehung: Sie sei zu rational gewesen, habe die Gefühle vernachlässigt und nur die Analyse betont. Die Analyse führe zwar zu Einsichten – vor allem in kausale Zusammenhänge –, sie sei jedoch *ein stetig nagender Wurm an den Wurzeln der Leidenschaften und selbst der Tugenden*[29]. Damit würden alles Streben und alle Tugend untergraben, etwa das soziale Engagement: *So saß ich denn, wie ich zu mir selbst sagte, auf dem Strande mit einem wohlausgerüsteten Schiff und Steuer, aber ohne Segel, ohne ein wirkliches Verlangen nach den Zielen, die ich so sorgfältig vorbereitet worden war zu erreichen.*[30]

Mill ist verzweifelt. Er fühlt, daß er niemanden hat, den er liebt, und niemanden, von dem er geliebt wird, und daß selbst die Aussicht auf die Verwirklichung seiner tiefsten Ideale und Wünsche in ihm keine Freude erzeugt.[31] Er stellt sich eine einfache Frage: *Nimm an, daß alle deine Ziele im Leben verwirklicht wären, daß alle Veränderungen in Institutionen und Meinungen, auf die du hingearbeitet hast, augenblicklich ausgeführt werden: Würde dies eine große Freude und Glückseligkeit für dich bedeuten?*[32] Seine Antwort war: *Nein!* Der Grund, den er nicht nennt: Es waren gar nicht seine Ziele und Ideale. *Danach sank mir das Herz: Die ganze Grundlage, auf der mein Leben aufgebaut war, brach zusammen. Meine ganze Glückseligkeit lag bisher in dem ständigen Streben nach diesem Ziel. Das Ziel hatte aufgehört, anziehend zu sein, und wie könnte es jemals wieder irgendein Interesse an den Mitteln geben? Ich schien nichts mehr zu haben, um dafür zu leben.*[33] Vergeblich hoffte er, daß die Depression nach einer durchschlafenen Nacht wieder verschwände, vergebens suchte er Hilfe in seinen Lieblingsbüchern.

Diese Depression meint er allein durchstehen zu müssen, da er den Vater nicht um den Triumph des Erfolges seiner Erziehung bringen will. Auch mit anderen Menschen spricht Mill nicht über seine Probleme: Gefühle standen in allen seinen Freundschaften im Hintergrund. In Mills Beschreibung dieser Krise wird die Ambivalenz der Vaterbeziehung deutlich, die verdrängte Wut gegen den einseitigen Rationalismus und die im Grunde menschenfeindliche abstrakte Philanthrosophie eines auf Strenge und Einschüchterung gegründeten Erziehungsstils.

Erst im Frühjahr 1827 kam die Wende. Mit einemmal war Mill seiner bisher verdrängten und plötzlich aufbrechenden Emotionalität hilflos ausgesetzt. Auslöser war bezeichnenderweise nicht ein Mensch, sondern ein Buch – die Lektüre einer sentimentalen Szene in Jean-François Marmontels «Mémoires d'un père» (1805): Dort spricht Marmontel von der trostlosen Lage der Familie beim Tod des Vaters. Zugleich beschreibt er die Begeisterung, die ihn bei dem Gedanken ergriff, daß er in der Familie den Vater ersetzen muß. *Eine lebendige Vorstellung dieser Szene und ihrer Gefühle überkam mich, und ich wurde zu Tränen gerührt.*[34] Mill schöpfte wieder Hoffnung: *Nein, ich lebte nicht länger ohne Hoffnung, war kein Stock oder Stein, sondern trug noch etwas von dem Stoffe in mir, aus dem alles Wertvolle im Charakter, alle Empfänglichkeit für Glück hervorgeht.*[35] Er merkt, daß er etwas Eigenes hat, daß er zu eigenen Gefühlen fähig ist, die nicht von seinem Vater geprägt oder gewollt sind.

Dieses Erlebnis setzt er jedoch gleich in eine Theorie des Lebens um: *Nur solche sind glücklich (dachte ich), deren Geist mit einem anderen Objekt als ihrer eigenen Glückseligkeit befaßt ist; mit der Glückseligkeit anderer, mit der Verbesserung der Menschheit, sogar mit einer Kunst oder einem Streben, das nicht als ein Mittel, sondern selbst als ein ideales Ziel verfolgt wird.*[36] Seine Warnung: *Frage dich selbst, ob du glücklich bist, und du wirst aufhören, es zu sein. Die einzige Chance ist es, nicht Glückseligkeit, sondern ein ihr äußeres Ziel als den Zweck des Lebens zu behandeln.*[37] Er will das Um-sich-selbst-Kreisen beenden. Eine zweite Folge war, daß Mill nun der *inneren Kultur des Individuums*[38] größeren Wert beimaß: *Die Aufrechterhaltung eines angemessenen Gleichgewichtes zwischen den Fähigkeiten schien mir nun von primärer Bedeutung. Die Kultivierung der Gefühle wurde einer der kardinalen Punkte in meinem ethischen und philosophischen Glaubensbekenntnis.*[39]

Die *seelische Krise (mental crisis)*[40] Mills war Gegenstand zahlreicher Deutungen und Interpretationen. Albert William Levi vertrat aus psychoanalytischer Sicht die These, daß es sich um einen geheimen Wunsch nach dem Tod seines Vaters handelte, der durch die Lektüre von Marmontel eine Art von Erfüllung gefunden habe. Mill weinte gleichzeitig aus Erleichterung und Trauer über den Gedanken an den möglichen Tod seines Vaters, den er bewußt liebte wie unbewußt haßte. Andere sahen in der Krise schlicht die Folge einer Überarbeitung seit seiner Kindheit. Mills Biograph Michael St. John Packe sieht zusätzlich ein Mitgefühl für seine unter dem Vater leidende Mutter, einen Konflikt, der später durch ihre Nicht-Erwähnung in der *Autobiographie* und das Eintreten für die Rechte der Frauen im allgemeinen gelöst wurde.

Die seelische Krise wurde zu einem Wendepunkt in Mills persönlicher und philosophischer Entwicklung: Fortan «rannte er hinter Gefühlen her wie ein Süchtiger hinter Drogen», schreibt Packe[41]. Mill bekennt sich zu seinen Gefühlen, weil er merkt, daß sie ein höchst eigener Teil von ihm sind. Er wendet sich den Romantikern zu, besonders der sentimentalen Naturromantik William Wordsworths, dessen episches Gedicht «Die Wanderung» er 1828 zu lesen beginnt. *Verglichen mit den größten Poeten, mag von ihm gesagt werden, daß er der Poet der unpoetischen Naturen ist, besessen von stillen und kontemplativen Neigungen. Aber unpoetische Naturen sind genau solche, die poetische Kultivierung brauchen.*[42]

Nach der Überwindung der Krise suchte Mill neue Anregungen. Der Romantiker Samuel Taylor Coleridge lehrte Mill die soziale Bedeutung

William Wordsworth (1770–1850).
Gemälde von Benjamin Robert Haydon, 1842

althergebrachter Institutionen und Traditionen. Für den Romantiker war die Intuition höher zu bewerten als jede Art von Theorie, aber auch höher als die Praxis. Noch wichtiger für Mill war die frühsozialistische Schule der Saint-Simonisten. Im Mai 1828 hatte Eyton Tooke seinen Freunden den jungen Franzosen und Saint-Simonisten Gustave d'Eichthal vorgestellt. Eichthal war beeindruckt von Mill und dessen geschickten Zusammenfassungen der Diskussionen im Debattierclub. Die Saint-Simonisten lehrten Mill die Notwendigkeit eines nicht nur kritischen, sondern auch konstruktiven Denkens, besonders in einer Zeit, in der sich religiöse, ethische und politische Dogmen auflösten.

Vor allem die saint-simonistische Unterscheidung zwischen organischen und kritischen Perioden in der Geschichte – durchaus ein Ge-

Samuel Taylor Coleridge (1772–1834). Gemälde von Peter van Dyke, 1795

meinplatz der kontinentalen Geschichtsphilosophie – hat große Wirkung auf Mill. In den organischen Perioden besitzt die Menschheit ein festes Glaubensbekenntnis, doch irgendwann wird dieses überholt und eine kritische Periode beginnt, in der die alten Überzeugungen verlorengehen, ohne daß sie durch neue ersetzt werden. Eine organische Periode war beispielsweise der griechische Polytheismus, bis die griechische Philosophie eine neue Periode einleitete. Auch das christliche Mittelalter war eine organische Periode, bis es von der Reformation aufgelöst wurde. Nun sollte die lange kritische Periode seit der Reformation durch ein neues saint-simonistisches Zeitalter mit einem kommunistischen Idealzustand abgelöst werden. Mill übernimmt den Gedanken, daß er in einem Zeitalter des Übergangs lebt.

Nach seiner Rückkehr schickt Eichthal Mill aus Paris ein Exemplar von Auguste Comtes «Système de politique positive» (1824). Der Positivismus Comtes gewinnt dauerhaften Einfluß auf Mill. Comtes «Cours de Philosophie positive» (1830–32) liest Mill bereits in der ersten englischen Auflage 1837. Im November 1841 schreibt er als unbekannter Be-

Claude Henri
de Rouvroy,
Graf von
Saint-Simon
(1760–1825)

wunderer an Comte, um ihm zu gratulieren und eine Korrespondenz vorzuschlagen, in der einige Punkte geklärt und die neuen philosophischen Systeme in Frankreich und England koordiniert propagiert werden sollen.

Mills neue Neigungen entfremden ihn von seinen alten Freunden, etwa von Roebuck. 1829 zieht er sich, noch immer ganz mit sich selbst beschäftigt, zusammen mit John Sterling und Frederick Denison Maurice von der Debattiergesellschaft zurück.

Ein wichtiges Ereignis im Leben seines Vaters prägte im gleichen Jahr auch sein Leben. Ende 1828 waren James Mills «Essay on Government» und andere Artikel, die er ursprünglich für die Encyclopedia geschrieben hatte, in einem eigenen Band erschienen. Sie spiegelten die Grundüberzeugungen der Radicals wider. Der eloquente Historiker und Whig Macaulay nahm sich der Essays an. In der «Edinburgh Review» vom März 1829 blies er zum Generalangriff auf James Mill und die Utilitaristen, «diese oberflächlichen Laien, deren Kenntnisse gerade ausreichen, um sie von der Unbedeutendheit von Dummköpfen zu der Würde von

John Sterling (1806–1844)

Stumpfsinnigen zu erheben»[43]. Eine Kostprobe seines Verrisses: «Wir haben hier eine ausgearbeitete Abhandlung über die Regierung, von der außer zwei oder drei flüchtigen Andeutungen es nicht scheint, als sei sich der Autor bewußt, daß es tatsächlich irgendwelche Regierungen unter den Menschen gibt. Gewisse Neigungen der menschlichen Natur werden angenommen; und von diesen Prämissen aus wird die ganze Wissenschaft der Politik synthetisch abgeleitet!»[44] Macaulays Überzeugung war dagegen: «Mensch unterscheidet sich von Mensch; Generation von Generation; Nation von Nation. Erziehung, Stellung, Geschlecht, Alter, zufällige Verbindungen erzeugen unendliche Schatten von Vielfalt.»[45] Die «Westminster Review» als Organ der Radicals antwortete, und so wogte der Intellektuellen-Streit Monate hin und her.

John Stuart Mill verfolgte die Debatte genau. Er erkennt die Enge der Prämissen seines Vaters: Einerseits erscheint ihm Macaulays empirischhistorische Konzeption der Politik falsch. Macaulays Grundlage war die Analyse und der Vergleich bestehender Systeme, was Mill zu konservativ vorkommt. Andererseits sieht er aber auch, daß der Theorie seines Vaters das Menschliche fehlt. So wird Bentham von seinem Biographen Bowring folgender Satz über James Mill zugeschrieben: «Sein politisches Glaubensbekenntnis folgt weniger aus der Liebe der Vielen, sondern aus dem Haß der Wenigen.»[46] Mill beginnt, über die richtige Methode nachzudenken. Er will aus den sich widerstreitenden Ansichten James Mills und Macaulays eine eigene Ansicht bilden.

Der Streit bringt Mill der Gesellschaft und den Freunden wieder näher. Während der französischen Revolution 1830 reist er – sich revolutionärer Pflichten bewußt – mit seinen Freunden Roebuck und Graham nach Paris, um dort Kontakt zu den Saint-Simonisten zu suchen.

Die französische Juli-Revolution 1830 aus der Perspektive des Malers Eugène Delacroix: «Die Freiheit führt das Volk an»

Die Frau seines Lebens: Beginn der Freundschaft mit Harriet Taylor (1830–1843)

«Sein Benehmen war schlicht, weder würdevoll noch unangenehm; seine Züge veredelt und regelmäßig; die Augen klein relativ zum Maßstab des Gesichts, der Kiefer groß, die Nase gerade und fein geformt, die Lippen dünn und zusammengepreßt, Stirn und Kopf voll; und beide, Gesicht und Körper, schienen die Inflexibilität des inneren Menschen nach außen zu repräsentieren. Er schüttelte die Hand aus der Schulter heraus. Obwohl er meist schmerzlich ernst war, war er so sensibel wie jeder andere angesichts der Ausbrüche von Witz bei Charles Austin oder Charles Villiers, und ein halbunterdrücktes Lachen ließ seinen starken und festen Körper für einige Augenblicke anschwellen.» [47] Ein nicht unattraktiver Mann also, in guter Position, mit ersten literarischen Erfolgen und fortschrittlichen Ansichten in der Frauenfrage. Thomas Carlyle beschrieb ihn als «einen schlanken, eher großen und eleganten jungen Mann mit einem kleinen, klaren Gesicht und einer romanischen Nase, zwei kleinen ernsthaft-lachenden Augen, bescheiden, mit einer bemerkenswerten Präzision des Ausdrucks, enthusiastisch, aber klar, ruhig; kein großer, aber ein deutlich begabter und liebenswerter junger Mann» [48].

Im Sommer 1830 war Mill zusammen mit Graham und Roebuck bei John Taylor eingeladen, einem reichen Londoner Kaufmann. Der Abend war für die meisten Gäste wohl recht langweilig, doch Mill traf die Frau seines Lebens: Es war die Gastgeberin Harriet Taylor, damals 22 Jahre alt. Sie wurde seine «Seelenfreundin», Mitarbeiterin und spätere Frau. Sie war sehr hübsch, hatte Witz und Temperament. «Sie wurde beherrscht von einer in ihrer Art recht einzigen Schönheit und Anmut. Groß und schlank, mit einer fast länglich wirkenden Gestalt und würdevollen Bewegungen. Ein kleiner Kopf, ein schwanenähnlicher Hals und ein Teint wie eine Perle. Große dunkle Augen, nicht weich oder schläfrig, aber mit einem Licht stiller Beherrschung in ihnen. Eine tiefe süße Stimme mit sehr deutlicher Aussprache unterstützten die Wirkung und vergrößerten den Charme ihrer fesselnden Persönlichkeit.» [49]

Harriet Taylor wurde am 8. Oktober 1807 in der Beckford Row 8, Wal-

Harriet Taylor, 1834

worth geboren. Ihr Vater war der Chirurg, Geburtshelfer und Friedensrichter Thomas Hardy, ein entfernter Verwandter des namensgleichen Literaten, ihre Mutter Harriet Hurst kam aus einer Kavalleristenfamilie, die im Bürgerkrieg für die Sache der Royalisten gekämpft hatte. Harriet war das vierte von sieben Kindern und eine von zwei Töchtern. Sie war überdurchschnittlich begabt: Bereits mit elf Jahren hatte sie Berkeleys Philosophie gelesen, mit vierzehn Logik studiert. Der Kaufmann John Taylor hatte ihr nichts Entsprechendes zu bieten; dennoch heiratete sie ihn am 14. März 1826. Taylor war wohlhabend und Juniorpartner im Arzneigroßhandel seines Onkels. Wie es zur Heirat kam, ist unklar. Vermutlich spielten berufliche Kontakte und Interessen ihres Vaters eine Rolle – damals für Hochzeiten kein unüblicher Grund. John Taylor war durchaus kein schlechter Ehemann: Er war zwar mit seinen hohen Wangenknochen und seiner untersetzten Stirn keine Schönheit, doch ehrlich und freundlich, liberal und nicht ungebildet. Er setzte sich für politische Flüchtlinge ein und bot ihnen Zuflucht in seinem Haus. 1836 zählte er zu den Gründungsmitgliedern des radikalen Reform Club. Mill beschreibt ihn so: *ein höchst aufrichtiger, tapferer und ehrbarer Mann von liberalen Meinungen und guter Erziehung, aber ohne die intellektuellen oder künstlerischen Neigungen, die ihn zu einem Gefährten für sie gemacht hätten*[50]. Carlyle nannte ihn schlicht «einen unschuldigen, faden, guten Mann»[51] – wohl nicht zuletzt wegen seiner Religion: Taylor war ein wichtiges Mitglied des Gemeinderates der South Place Unitarian Chapel. In diesen protestantischen Kreisen, die die Lehre von der Dreifaltigkeit (Trinität) ablehnten, bewegte sich auch Harriet Taylor. Die unitaristische Erziehung hatte ihr eine außergewöhnliche geistige Unabhängigkeit verschafft. Sie war energisch und scharfzüngig mit starken egalitaristischen und feministischen Neigungen.

Da ihr Mann ihr alle Sorgen des Alltags durch Haushälterin und Kindermädchen abnahm, begann sie zu schreiben. Sie beschäftigte sich mit philosophischen Problemen und schrieb Abhandlungen über die Ehe, die bereits feministische Standpunkte anklingen ließen. Ihr erster Sohn Herbert wurde am 24. September 1827 geboren, der zweite Sohn Algernon – genannt Haji – am 2. Februar 1830, das dritte und letzte Kind Helen («Lily») am 27. Juli 1831.

Kurz nach dem zweiten Kind wurde es Harriet in ihrer Ehe zu eng. Im Frühjahr oder Sommer 1830 klagte sie dem intellektuellen Führer der Unitaristen, dem damals 44 Jahre alten William Johnson Fox, daß ihr Mann intellektuell nicht viel zu bieten habe. Fox war selbst unglücklich verheiratet und unterhielt ein Verhältnis mit Eliza Flower, einer bekannten Komponistin, die ihm dann nach der Trennung von seiner Frau 1835 den Haushalt führte. In den frühen dreißiger Jahren war Harriet eng mit Eliza befreundet. Fox entschied, daß Harriet John Stuart Mill kennenlernen sollte. Vermutlich wollte er Mill zugleich für die unitaristische Zeitschrift «Monthly Repository» gewinnen, die er seit 1827 herausgab. So arrangierte er das Abendessen, das ihre Liebe begründete. Carlyle schildert das Zusammentreffen der beiden so: «Dieser Mann, der bis zu dieser Zeit nie zuvor einem weiblichen Geschöpf, nicht einmal einer Kuh, ins Gesicht geschaut hatte, fand sich selbst gegenüber diesen dunklen Augen, die unäußerbare Dinge funkten, während er selbst die äußerbaren abhandelte, die alle Arten von hohen Themen betrafen.»[52]

William Johnson Fox (1786–1864). Gemälde von Eliza Florence Bridell, um 1863

Sowohl Harriet als auch John Stuart waren empfänglich füreinander: Beide befanden sich auf der Suche nach einem Gefährten und Freund. Mill hatte seinen Seelenzustand in einem Brief an John Sterling vom 15. April 1829 beschrieben: *Ich bin jetzt vor allem bemüht, Dir zu erklären, klarer, als ich fürchte es bisher getan zu haben, was ich meinte, als ich Dir gegenüber von der relativen Einsamkeit meines wahrscheinlichen künftigen Schicksals sprach. […] Mit Einsamkeit meine ich die Abwesenheit dieses Gefühls, das mich durch den größeren Teil meines Lebens begleitet hat und das ein Mitreisender oder Soldatenkamerad gegenüber dem anderen hat – das Gefühl des Engagiertseins im Streben nach einem gemeinsamen Objekt und des gegenseitigen Anspornens und des Einanderhelfens bei einem schwierigen Unternehmen.*[53]

An Harriet Taylor faszinierten Mill neben ihrer Schönheit ihr offener, suchender Verstand, ihr manchmal scharfer Witz und die aufblitzende Leidenschaft bei der Verteidigung ihrer Ansichten. Er sah in ihr allerdings zunächst mehr eine Kameradin als eine Frau. Harriet bewunderte die Ernsthaftigkeit, die umfassende Bildung und uneingeschränkte Toleranz Mills. Zweimal in der Woche speisten Mill und Harriet Taylor – von Carlyle spöttisch «Platonica» betitelt – fortan zusammen zu Abend, während John Taylor auswärts im St. James Club aß. Die Verbindung zwischen beiden wurde für Mill *die wertvollste Freundschaft meines Le-*

John Taylor (1796–1849). Zeitgenössische Miniatur

bens[54]. Seine Bewunderung für Harriet war grenzenlos: In dieser Funktion löste sie seinen Vater ab. *Ihre intellektuellen Begabungen dienten nur der Unterstützung eines moralischen Charakters, der zugleich der edelste und ausgeglichenste war, den ich jemals in meinem Leben getroffen habe.*[55] Wieder übertreibt Mill: Er kann seine Gefühle nicht regulieren. Dennoch war Harriet nach der Entdeckung der Romantiker und der Überwindung seiner Krise der dritte und entscheidende Schritt zur Ablösung von seinem Vater.

1831 konnte es sich James Mill, nun zum Chef der Handels-Companie aufgestiegen, leisten, ein geräumiges Haus am Vicarago Place, Church Street, Kensington, zu beziehen. John Stuart, der immer noch bei seiner Familie lebte, schrieb unterdessen an fünf Essays zur Politischen Ökonomie, dessen fünfter *Über die Definition der Politischen Ökonomie* im Oktober 1836 in der «London and Westminster Review» erschien. Er war nun auf dem Weg zu eigenen Werken.

Unter dem Einfluß der Comteschen und Saint-Simonschen Ideen schreibt Mill ebenfalls 1831 sieben Artikel zu einer Serie, die er *The Spirit of the Age* nennt. Er verficht eine Art aufgeklärten Despotismus, in dem eine Elite herrschen soll, und erklärt die Notwendigkeit einer moralischen und sozialen Revolution: *Die erste große Besonderheit des gegenwärtigen Zeitalters ist, daß es eine Zeit des Übergangs ist. Die Menschheit ist den alten Institutionen und Lehren entwachsen und hat noch keine neuen angenommen.*[56] Mill überträgt dabei seine eigenen Erfahrungen auf die Gesellschaft: *Meine Beschäftigungen sind seit gewisser Zeit eher innerlich als äußerlich gewesen. Ich habe nicht viel gearbeitet, aber es hat viel in mir gearbeitet*[57], schreibt er Carlyle. Für ihn waren die dreißiger Jahre eine Zeit des Innehaltens, der Suche und der Festigung, *die Periode des geistigen Fortschritts*[58]: *Ich bin oft fast in einem Zustand des Skeptizismus und habe überhaupt keine Theorie des Menschlichen Lebens, oder ich habe einander widersprechende Theorien, oder eine Theorie, die nicht zu einem Glauben wird. Dies ist nur ein kürzlich aufgetretener Zustand, und wie ich wohl weiß, ein vorübergehender, und meine Überzeugungen werden fest und das Ergebnis einer größeren Erfahrung als zuvor sein, wenn ich aus diesem Zustand heraustrete.*[59] Der Gesellschaft empfiehlt er als *natürlichen Zustand* den Zustand, *in dem die Meinungen und Gefühle der Menschen mit ihrer bewußten Einwilligung für sie geformt werden von den kultiviertesten Geistern, welche die Intelligenz und Moralität des Zeitalters entstehen ließ*[60]. Später allerdings waren Mill diese jugendlichen Eifer-Theorien eher peinlich, so daß erst der Nationalökonom Friedrich August von Hayek 1942 die Essays wiederentdeckte und veröffentlichte.

Durch die Artikelserie lernte John Stuart Mill den Schriftsteller Thomas Carlyle kennen und befreundete sich mit ihm. Mill faszinierte die Heroenverehrung Carlyles – ein Affront gegen die Vernunftprinzipien der Radicals. Dadurch gewann er Einblick in das menschliche Fühlen und Wollen und konnte die grobe Lust-Unlust-Theorie Benthams genauer formulieren. Carlyle erkannte die Aufrichtigkeit der Utilitaristen an, sein «Mystizismus» vertrug sich aber schlecht mit ihrer Ablehnung

Thomas Carlyle (1795–1881).
Gemälde von John Everett Millais, 1877

aller Religion. Im Februar 1835 gab er Mill das Manuskript des ersten Bandes seiner «Französischen Revolution». Am Abend des 6. März eilten John Stuart und Harriet zu ihm: Bis auf einige Fetzen war das ganze Manuskript verbrannt. Mill hatte Harriet das Manuskript vorgelesen und es in sein Zimmer im Haus seines Vaters gelegt. Dort fand es James Mill, betrachtete es als Altpapier und tat es zum Feuermaterial in der Küche, wo es rasch in den Ofen wanderte. Carlyle reagierte edel: Fünf Monate Arbeit waren verloren, seine Notizen hatte er zerrissen – dennoch tröstete er Mill, sprach mehr als zwei Stunden mit ihm über alles mögliche andere und schrieb ihm am folgenden Tag sogar einen Trostbrief. Mill wollte ihm den materiellen Verlust ersetzen und schickte ihm 200 Pfund (von denen Carlyle 100 Pfund wieder zurücksandte) sowie einen Stapel Bücher für seine Arbeit. Nach einigen Monaten bot Carlyle Mill wieder das Manuskript zur Korrektur an, doch der lehnte peinlich berührt ab. Erst 1849 zerbrach die Freundschaft der beiden, als Carlyle die Gegner der Sklaverei angriff, worauf Mill im «Fraser's Magazine» vom Februar 1849 eine empörte Antwort unter dem Titel *Negro Question* veröffentlichte.

Mill ermutigte auch Harriet Taylor zum Schreiben. Ab Mai 1832 erschienen einige Artikel von ihr im «Monthly Repository» – drei Gedichte, sechs Rezensionen und ein kleiner Essay über die Attraktionen der verschiedenen Jahreszeiten. Die Gedanken und Interessen Harriets begannen, Mill zu beeinflussen. Zur Überraschung seiner Freunde begann er auf einmal, Essays über Poesie zu schreiben. Im ersten Entwurf der *Autobiographie* heißt es: *Die ersten Jahre meiner Freundschaft mit ihr waren in bezug auf meine eigene Entwicklung vor allem Jahre der poetischen Kultur. [...] Ich kultivierte diese Neigung ebenso wie den Geschmack an Bildern und Bildhauerei und las mit Enthusiasmus ihre Lieblingsdichter, vor allem denjenigen, den sie über alle anderen stellte, Shelley.*[61]

Doch die Liebe zwischen Mill und der verheirateten Harriet war in der vorviktorianischen Gesellschaft ein Problem: Mill warb bei seinem Vater vergeblich um Verständnis, Harriet gestand ihrem Mann 1832 ihre Liebe. Er verlangte von ihr, Mill nicht mehr zu treffen. Harriet schrieb Mill im August 1832 einen Brief, daß sie sich nie wieder treffen könnten. Mill akzeptierte ihre Entscheidung und stürzte sich in die Arbeit. Aber schon nach wenigen Monaten brach Harriet ihr Versprechen. Sie rechtfertigte sich damit, daß Mills Artikeln die Kraft und die Weite fehle, die sie ihm ihrer Meinung nach geben konnte. Sie empfing Mill wieder regelmäßig in dem neuen Haus in Kent Terrace 17, Park Road, an der Westecke des Regent's Park, das die Taylors im Winter bezogen hatten.

John Taylor suchte nach einer letzten Möglichkeit, seine Ehe zu retten, und bat seine Frau, für sechs Monate nach Paris zu gehen. Harriet gab dem Wunsch ihres Mannes nach und verließ im September 1833 England und Mill. Doch in Paris fühlte sie sich einsam und unglücklich. Schon am 10. Oktober reiste ihr Mill für sechs Wochen nach. Er bezeichnet dies in einem Brief an Carlyle als *Pflicht, die verbunden ist mit einer Person, der ich unter allen lebenden Personen am meisten verpflichtet bin*[62]. Harriets Aufenthalt in Paris führte somit zum Gegenteil dessen, was John Taylor beabsichtigt hatte, und festigte das Verhältnis: Zum erstenmal waren die beiden Liebenden unabhängig von gesellschaftlichen Rücksichten und hatten unbegrenzt Zeit füreinander.

Nach der Rückkehr seiner Frau Ende 1833 akzeptierte John Taylor

Bürgerlicher Salon in Chelsea zur Zeit Mills. Gemälde von Robert Tait

Harriets Liebe zu Mill und trennte sich von ihr. Er stellte ein kleines Haus auf dem Land in Keston Heath nahe Bromley in Kent zur Verfügung, in das sie mit ihrer Tochter Helen einzog. Die Söhne kamen in ein Internat.

Was ihnen bei John Taylor gelang, versuchten Mill und Harriet auch gegenüber der Öffentlichkeit durchzusetzen. Arm in Arm traten sie auf. Aber nicht einmal Mills Familie und Freunde konnten das akzeptieren: Der Vater verurteilte ihn heftig ob seiner Liebe. Mill antwortete ihm, daß er ihr gegenüber keine anderen Gefühle hege als gegen einen vergleichbaren Mann.[63] Auch Mills Mutter und Schwestern mißbilligten die Verbindung. Einige Freunde Mills – etwa Grotes Frau – wandten sich ab, Harriet und Mill wurden zunehmend isoliert. Als Roebuck Mill im Frühjahr 1834 in der Ostindischen Handels-Companie aufsuchte, um ihn vor weiteren öffentlichen Auftritten zu warnen, beendete Mill die Freundschaft mit Roebuck, beherzigte aber seinen Rat. Ihren Briefverkehr wickelten Mill und Harriet aus Diskretion postlagernd ab und sahen sich nur noch bei Harriet. Später vernichtete Harriet sogar die Briefe an Mill, damit sie nicht in fremde Hände fallen und so dem Klatsch noch mehr Nahrung geben konnten. Mill zog sich aus dem gleichen Grund aus der

Gesellschaft zurück. Nur dem Kreis der Utilitaristen, seinen Freunden George Grote und Alexander Bain und dem Political Economy Club blieb er treu.

Die Utilitaristen gewannen in den dreißiger Jahren an Einfluß. Nach der Reform Bill, an der sie großen Anteil hatten, saßen mehrere Mitglieder im neuen Parlament, darunter Grote und Roebuck sowie Charles Buller, ein Schüler Carlyles, und Sir William Molesworth. Sie bildeten die Partei der «philosophischen Radikalen». Mill begleitete ihre Aktionen publizistisch mit Beiträgen im «Examiner» und im «Monthly Repository».

1835 wurde Mill inoffiziell (wegen seiner Position in der Handels-Companie) Herausgeber der neugegründeten Vierteljahreszeitschrift «London Review», die der Utilitarist Molesworth startete. Die alte «Westminster Review» wurde seit 1830 von Colonel Perronet Thompson am Leben erhalten, war aber in ihrer Themenwahl beliebig und verstaubt geworden. Die neue Zeitschrift sollte den Geist der Radicals beleben. James Mill eröffnete die erste Nummer im April 1835 mit einem grundlegenden Bericht zur Lage der Nation, in der zweiten Nummer folgte eine fundamentale Kritik der Kirche, die viele Leser verschreckte. Mill schrieb einen Artikel über Adam Sedgwick, in dem er dessen moralphilosophische Irrtümer aufzeigte. Im April 1836 verschmolzen «London Review» und «Westminster Review», die Molesworth gekauft hatte, zur «London and Westminster Review».

Doch ein dauerhafter Erfolg blieb den philosophischen Radikalen versagt. Ihnen fehlte letztlich der Führer im Parlament, so daß sie lediglich den linken Flügel der Whigs bildeten. Vor allem fanden sie keinen Widerhall in der sozialen Klasse, für deren Interessen sie sich engagierten: der Arbeiterschaft. Denn die Radikalen blieben in eigenen Widersprüchen gefangen. Mill lehnte das allgemeine Wahlrecht ab. Zwar war er theoretisch dafür, doch hielt er die Massen für noch nicht reif, zudem würde die Mittelklasse darin einen Angriff auf das Eigentum sehen. Die Radikalen lehnten den «Factory Act» von 1833, mit dem Kinderarbeit und die Beschäftigung von Jugendlichen in den Textilfabriken beschränkt wurden, als Eingriff in die Gewerbefreiheit ab. Auch in der Debatte um die wettbewerbsfeindlichen Getreidegesetze (Corn Laws), die der englischen Wirtschaft ein Schutzzollsystem gaben, waren die Utilitaristen uneins: Da ausländische Getreideimporte mit abschreckend hoher Steuer belegt wurden, war Brot in ganz England so teuer, daß Menschen verhungerten. Die Getreidegesetze wurden erst 1846 nach einer vehementen Kampagne der Anhänger des Freihandels aufgehoben.

Ende 1835 litt Mill unter Nervenbeschwerden, die seine Augen beeinträchtigten. Grund dafür dürfte wieder Überarbeitung gewesen sein:

Der Schutzzollanhänger zum Arbeiter: «Gib mir dein Brot, ich hungere und bin ungeschützt!» Karikatur aus «Punch», 1850

Mills Vater hatte Mitte 1835 einen Blutsturz in der Lunge erlitten, der ihn zum Invaliden machte; Mill mußte seine Familienpflichten übernehmen. Am 23. Juni 1836 starb James Mill. Er wurde in der Kirche von Kensington begraben. Seit dem Tod Benthams 1832 war er der führende Kopf der Benthamiten und der radikalen Philosophen gewesen: *So wie Brutus der letzte der Römer genannt wird, so war er der letzte des 18. Jahrhunderts.*[64] Sein Tod traf Mill schwer. Er hatte sich nie ganz von seinem Vater gelöst. *Es gibt sicherlich etwas im Tod eines Vaters (ganz unabhängig von der persönlichen Zuneigung), das ernster und schwergewichtiger ist als jeder andere Verlust. Es schließt die Vergangenheit, als ob es die Verbindung zwischen einem selbst und seiner Jugend abtrennen würde.*[65]

Die nun erzwungene Ablösung von seinem Vater verursacht ihm Lungenattacken, Magenschmerzen und migräneartige Kopfschmerzen. Er verfällt in eine schwere Depression, die einen Tick hinterläßt, ein nervöses Zucken des rechten Auges. Die immer wiederkehrenden Krankheiten geben Mills Gemüt einen melancholischen Zug: *Niemand sollte versuchen, zur Nutzung seiner Zeit etwas zu unternehmen, ohne den festen Entschluß, sein Kreuz auf sich zu nehmen und es zu tragen. All seine Pläne müssen in Enttäuschung enden, wenn er nicht mit einem Überschlag der Kosten beginnt; er unterliegt dann entweder wie Chatterton, oder er gibt der Gegenströmung nach wie Erasmus, oder er lebt ein enttäuschtes und qualvolles Leben wie Luther.*[66]

Am 30. Juli 1836 geht er zusammen mit seinen Brüdern Henry und George sowie Harriet und ihren Kindern auf eine dreimonatige Erholungsreise durch Frankreich, die Schweiz und Italien. Diese gemeinsame Reise mit Harriet – mit Wissen ihres Ehemanns – sorgte daheim erneut für einen Skandal. Carlyle schrieb in einem Brief an Sterling: «Frau Taylor, so wird geflüstert, ist mit ihm, oder nahe ihm. Ist es nicht sehr seltsam, dieses Sich-Verzehren in Austrocknung und Nichtsein unseres armen Mill, und wenn es so ist, wie seine Freunde alle sagen, daß seine Schöne die Ursache ist? Ich habe noch kein Rätsel des menschlichen Lebens gesehen, das eine so kranke Theorie formen kann. Sie sind unschuldig, sagt die Güte; sie sind schuldig, sagt der Skandal: dann aber warum im Namen des Wunders sind sie dabei, gebrochenen Herzens zu sterben? Nur eine Sache ist mir schmerzhaft klar, daß der arme Mill auf einem schlechten Weg ist.»[67] Immer noch, zumindest bis weit in die vierziger Jahre hinein, unterhielten Mill und Harriet keine sexuellen Beziehungen: Sie gingen auf Ausflüge und Spaziergänge, diskutierten und waren Freunde, doch keine Liebhaber. Obwohl sie keineswegs Asketen waren, neigte Mill zu einer Geringschätzung der körperlichen Leidenschaften gegenüber den geistigen. Außerdem mißbilligte das Paar Sexualität aus übergeordneten Gründen: Sie diene eher der Unterdrückung der Frau und erzeuge Bevölkerungsprobleme.

Auch wenn der Tod des Vaters den Sohn emotional stark belastet, so wird er intellektuell zur Befreiung: Mill löst sich vom doktrinären Typ des Utilitarismus und nutzt ihn für die radikale Bewegung. *So wie Gutes aus dem Bösen gezogen werden kann – das Ereignis, das die Welt ihres Mannes mit dem größten philosophischen Genie beraubt hat, und [The London and Westminster Review] ihres einflußreichsten Autors, und des einzigen, dessen Meinung sich die Redakteure beugen mußten – das gleiche Ereignis hat es weit einfacher gemacht, das zu tun, weshalb alleine ich mir selbst erlaubt habe, mit der Zeitschrift verbunden zu werden, nämlich die härteren und strengeren Züge seines Radikalismus und Utilitarismus weicher zu machen; denn beide waren in der Form, in der sie ursprünglich*

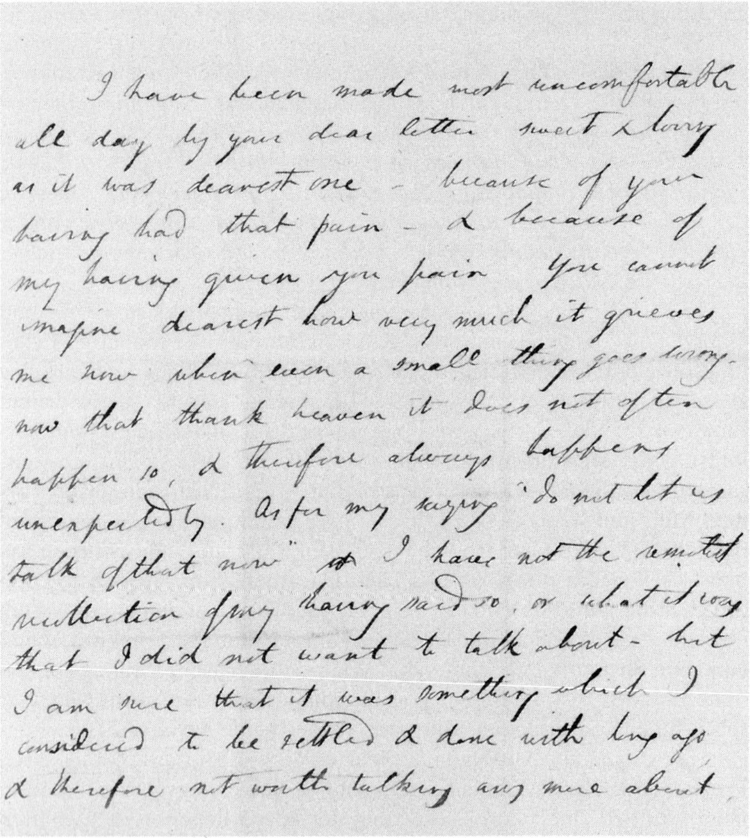
I have been made most uncomfortable
all day by your dear letter sweet & lovely
as it was dearest one – because of your
having had that pain – & because of
my having given you pain You cannot
imagine dearest how very much it grieves
me now when even a small thing goes wrong –
now that thank heaven it does not often
happen so, & therefore always happens
unexpectedly. As for my saying "do not let us
talk of that now" I have not the remotest
recollection of my having said so, or what it was
that I did not want to talk about – but
I am sure that it was something which I
considered to be settled & done with long ago
& therefore not worth talking any more about.

Aus einem Brief von John Stuart Mill an Harriet Taylor, 1834

in der «Westminster» erschienen, Teil des Erbes des 18. Jahrhunderts.[68] Mill widmete sich verstärkt der Herausgeberschaft der neugebildeten «London and Westminster Review». Er setzte große Hoffnungen in Lord Durham, den er als künftigen Führer der radikalen Bewegung sah. Die neuen Perspektiven versetzten Mill in Aufbruchsstimmung. 1836/37 erholte er sich seelisch und körperlich. Der Weg zum Genie aus eigener Kraft war eingeschlagen: Er beginnt mit der Arbeit an der *Logik*. Mill ist 30 Jahre alt.

Mill vollendet zunächst die Abwendung vom klassischen Utilitarismus Benthams. In seinen Essays *Remarks on Bentham's Philosophy* (1833)

John Stuart Mill. Medaillon aus dem Jahr 1840

und vor allem in *Bentham* (1838) sagt er sich vom einseitig hedonistischen Menschenbild des achtzehnten Jahrhunderts los – und damit zugleich von den Theorien seines Vaters. Er legt die Unzulänglichkeiten der Benthamschen Doktrin offen. Mill zählt Bentham zu den *negativen oder zerstörenden Philosophen, unter denen, welche zu erkennen vermögen, was falsch, aber nicht, was wahr ist, die den menschlichen Geist zu dem Gefühl der Widersprüche und Ungereimtheiten herkömmlicher Meinungen und Institutionen erwecken, aber nichts an die Stelle dessen setzen, was sie wegnehmen*[69]. So verkenne Bentham die Existenz des *Gewissens*, der *Selbstachtung* oder der *Ehre und persönlichen Würde*[70].

Im Frühjahr 1840 gibt Mill seinen Posten als Herausgeber und seit 1837 auch Eigentümer der «London and Westminster Review» auf. Molesworth hatte die Zeitschrift abgegeben, da sie nur Verluste brachte. Für Mills Rückzug gab es eine Reihe von Gründen: Er wollte mehr Zeit für die *Logik* haben. Zudem hatte ihn die defizitäre Zeitschrift insgesamt wohl rund 1500 Pfund gekostet.[71] Die Zielgruppe, die parlamentarischen Radicals, hatte sich 1840 aufgelöst. Mill übergab die Zeitschrift an den reichen Schuhfabrikanten William E. Hickson, der einer der treuen Mitarbeiter war und sie zusammen mit Henry Cole unter dem Namen «Westminster Review» weiterführte.

Mill arbeitet nun hart an seinem Werk: Während der ersten drei bis vier Jahre nach Aufgabe der Zeitschrift gönnt er sich keinen Urlaub.[72] Regelmäßig besucht er Harriet in ihrem Haus in Keston Heath, wo er auch viele Wochenenden verbringt. Doch dem Glück des Paares war keine Dauer beschieden: Im Juni 1841 litt Harriet Taylor plötzlich unter Lähmungen in ihren Beinen. Ursache scheint ein Kutschenunfall gewesen zu sein, bei dem Mill und Harriet vom Wagen geschleudert wurden. Zunächst erholte sie sich langsam, doch die Lähmungen und Rheumaanfälle kehrten wieder, hinzu traten bald Nervenschmerzen. Mit 34 Jahren wird sie zur Behinderten, die an ihr Haus gefesselt ist. Mit der Krankheit verblaßt allmählich ihre Schönheit, und ihr Temperament läßt nach. Auch Mill kränkelte, er litt an Brustschmerzen. Zu den gesundheitlichen Problemen kam weiteres Pech: 1842 geriet Mill in finanzielle Schwierigkeiten. Die Vereinigten Staaten von Amerika hatten sich geweigert, ihre internationalen Schulden zurückzuzahlen. Eine Reihe von englischen Privatbanken mußten schließen, das Kreditsystem brach zusammen. Mill verlor etwa tausend Pfund, mit denen er im Ausland spekuliert hatte. Zusätzlich mußte er mehrere tausend Pfund Verlust aus dem Treuhandvermögen seines Vaters für die Familie aus eigener Tasche ausgleichen. Diese Fehlspekulation löste eine erneute Depression bei Mill aus.[73]

Das Ringen um Grundlagen: Mill als Philosoph (1843)

Mills tiefer gehende Beschäftigung mit methodologischen Fragen begann in den zwanziger Jahren mit den Diskussionen in den Clubs. Die dreißiger Jahre standen ganz im Zeichen der Arbeit an der Methodik: Bereits 1830 hatte Mill einen ersten Versuch unternommen, seine Gedanken zusammenzufassen. Es ging um die Bedeutung von Propositionen. Sein 1831 [74] geschriebener kurzer Essay *Über die Definition der Politischen Ökonomie und über die ihr angemessene Forschungsmethode*, der 1836 veröffentlicht wurde, beschreibt die Elemente dessen, was von den Wirtschaftswissenschaftlern immer noch als grundlegend gültige methodische Praxis angesehen wird. Doch erst im Sommer 1840 beendete Mill den ersten Entwurf zu seinem philosophischen Hauptwerk, dem *System der deduktiven und induktiven Logik*. 1838 hatte Mill die Lehre von der Induktion (Buch III) fertiggestellt, 1840 die Logik der Geisteswissenschaften (Buch VI). Gemäß seiner lebenslangen Gewohnheit schrieb Mill das Werk nach dem ersten Entwurf noch einmal komplett um. Dies dauerte das ganze Jahr 1841. Erst danach kümmerte sich Mill um einen Verleger und fand ihn, nachdem John Murray abgelehnt hatte, in John W. Parker. Sie vereinbarten das damals übliche Autorenhonorar, nämlich den halben Nettogewinn.

Im März 1843 wurde die *Logik* veröffentlicht. Sie hatte großen Erfolg und gilt heute noch in Großbritannien als wichtigstes Werk von Mill. Die *Logik* wurde bald nach Erscheinen zum anerkannten Lehrbuch der Studenten an englischen Universitäten. Sie verdrängte damit William Whewells «Geschichte der induktiven Wissenschaften» von 1837. Mill beeinflußte unter anderem William Stanley Jevons und John Maynard Keynes, die späteren idealistischen Logiker sowie Gottlieb Frege und Alexius Meinong. Bis zum Ende des neunzehnten Jahrhunderts erreichte die *Logik* zweiunddreißig Auflagen, davon acht zu Mills Lebzeiten. Das Buch machte ihn berühmt: *Wie das Buch, für diese Art von Werk, einen so großen Erfolg haben konnte, und welche Art von Personen die Masse derer bilden, die es kauften – ich werde es nicht wagen zu sagen, lasen –, habe*

William Whewell (1794–1866). Büste von Hodges Baily Edward

ich nie ganz verstanden.[75] Vermutlich liegt sein Erfolg in der Tatsache begründet, daß die *Logik* nicht allein ein Werk zur formalen Logik war, sondern daß es immer auch um die Zwecke des Lebens ging.

Die *Logik* ist zum Verständnis der Grundlagen des Millschen Denkens unverzichtbar. Sie bereitet den Boden für sein reformerisches Anliegen. Im ersten Teil (Buch I bis III) beschäftigt sich Mill mit der Methode der Naturwissenschaften. Mills Aussagen zur deduktiven Logik sind allerdings durch George Booles «An Analysis of the Laws of Thought» (1854) und später durch Frege und Bertrand Russell überholt worden und nur noch von historischem Interesse. In Buch IV wendet sich Mill der Induktion zu, in Buch V den Trugschlüssen. Für heutige Leser ist das Buch VI *Von der Logik der moralischen Wissenschaft* das wichtigste. Im Gegensatz zur Methodik der Naturwissenschaften, die seit Mill große Fortschritte gemacht hat, kämpfen die Sozial- oder Geisteswissenschaf-

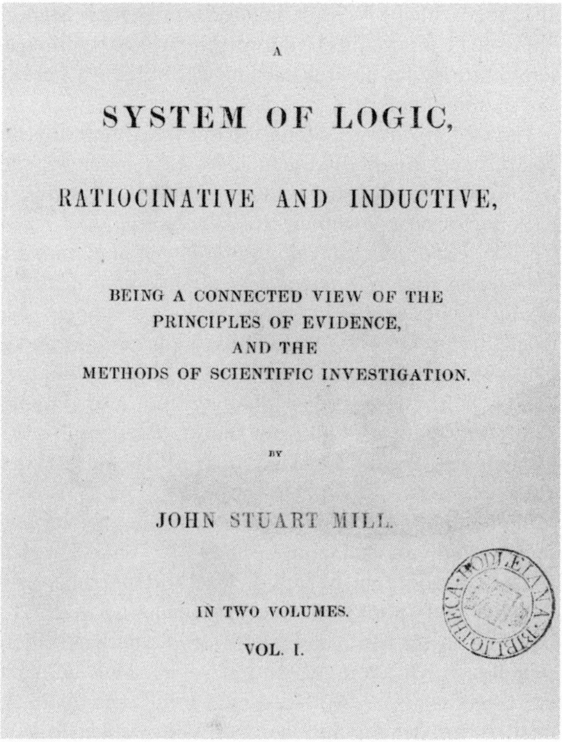
A

SYSTEM OF LOGIC,

RATIOCINATIVE AND INDUCTIVE,

BEING A CONNECTED VIEW OF THE
PRINCIPLES OF EVIDENCE,
AND THE
METHODS OF SCIENTIFIC INVESTIGATION.

BY

JOHN STUART MILL.

IN TWO VOLUMES.

VOL. I.

Cover von «Logic»

ten methodologisch noch immer mit den gleichen Grundproblemen – vor allem in den Wirtschaftswissenschaften.

Mills Ziel war die Reformulierung des Empirismus, zu dessen bedeutendstem Vertreter im neunzehnten Jahrhundert er wurde. Sein Ziel war es, den Angriffen der Intuitionisten sowie denen Comtes und seines Positivismus begegnen zu können. Auch die *Logik* sollte ein versöhnendes Werk sein. *Die Logik ist ein neutraler Boden, auf welchem die Anhänger Hartleys und Reids, Lockes und Kants zusammentreffen und gemeinsame Sache machen können.*[76] Mill entwirft eine allgemeine Methodologie der Wissenschaften. Er versucht, dem Positivismus ein festes psychologisches, logisches und erkenntnistheoretisches Fundament zu geben. Dabei kombiniert er den radikalen Empirismus einer assoziationistischen Psychologie mit einer Konzeption der Sozialwissenschaften, die auf dem Paradigma der Newtonschen Physik basiert. So zeigt er einerseits, daß alles menschliche Wissen aus der Evidenz der Sinne herrührt – ganz im Sinne des Empirismus. Andererseits will er vorführen, daß sich alle Wissenschaften zum abstrakten und deduktiven Charakter der klassischen Physik hin entwickeln.

Um den Sozialwissenschaften aus ihrer methodischen Krise zu helfen, begibt sich Mill auf die Suche nach der Einheitswissenschaft. Die Sozialwissenschaften stehen vor allem vor der Schwierigkeit, allgemeingültige Erkenntnisse zu gewinnen. *Der Rückständigkeit der moralischen Wissenschaften kann man nur dadurch abhelfen, daß man auf sie die gebührend erweiterten und verallgemeinerten Methoden der Naturwissenschaft anwendet.*[77] Dies geschieht im Schlußbuch der *Logik*, dem Buch VI *Von der Logik der moralischen Wissenschaft*. Im Grunde sind alle Wissenschaften Natur-Wissenschaften. Es gibt keine Phänomene, die ausschließlich von den Gesetzen des Geistes abhängig sind. Alle Gegenstände sind Teil der Natur und damit Objekt der Naturwissenschaften. Selbst die Erscheinungen des Geistes werden *zum Teil von den physiologischen Gesetzen des menschlichen Körpers bestimmt*[78]. Die Geisteswissenschaften (von Mill auch *moralische Wissenschaften* genannt) setzen also die Naturwissenschaften voraus. Damit können die Methoden gleich sein.

Zunächst untersucht Mill die Methoden der Naturwissenschaften: Deduktion und Induktion. Die grundlegende Methode der Naturwissenschaften ist für Mill die Deduktion. Seine Kritik der deduktiven Logik richtet sich vor allem gegen den Syllogismus, der sozusagen die Urform der Logik ist: Aus zwei Aussagen sollte eine dritte Aussage erschlossen werden, von der geglaubt wird, daß sie zwangsläufig und neu ist. Beispiel:

Alle Menschen sind sterblich.
Sokrates ist ein Mensch.
Also ist Sokrates sterblich.

Der Syllogismus und seine verschiedenen erlaubten und nichterlaubten Formen standen im Mittelpunkt des Denkens der Logiker seit der Antike. Er galt als eine konservative Form, da die allgemeinen Aussagen meist intuitive Universalwahrheiten darstellten. Mill kritisiert, daß wir zu generellen Aussagen wie «Alle Menschen sind sterblich» nur über viele Einzelaussagen wie «A ist sterblich», «B ist sterblich» usw. kommen, also induktiv. Darin besteht nach Mill der eigentliche Schluß. Daher könnten wir gleich von den gültigen partikularen Aussagen auf die zu erschließende Aussage übergehen. Wir bräuchten nicht den Umweg über die generelle Aussage. Nach Mills Meinung verbreitet der Syllogismus nur die ohnehin vorhandenen Vorurteile.

Die andere Form der Logik ist die Induktion. Diese Form geht den umgekehrten Weg: Aus vielen Einzelaussagen soll ein allgemeines Ge-

John Stuart Mill

setz erschlossen werden. Die Syllogisten kritisierten jedoch, daß noch so viele übereinstimmende Einzelaussagen nicht ausreichen, um ein universelles Gesetz zu bilden. Es könnten nie alle Fälle einbezogen werden. Auch wenn alle Schwäne weiß sind, weiß man nie, ob es nicht doch irgendwo einen schwarzen Schwan gibt. Mill dagegen sagt, daß wirklich neue Erkenntnisse nur durch die induktive Logik gewonnen werden können. Sie zeigt den Weg von partikularen zu allgemeinen Aussagen, indem sie lehrt, wie man mit Hilfe sorgfältiger Analysen von regelmäßig wiederkehrenden komplexen Ereignisfolgen richtige Verallgemeinerungen machen kann. Grundlage der induktiven Logik ist das ebenfalls induktiv gewonnene Prinzip der Einheitlichkeit der Natur. Das letzte Ziel der induktiven Logik ist die Aufdeckung fundamentaler «Naturgesetze», aus denen sich alle empirischen Gesetze, also alle bedingten Regelmäßigkeiten, ableiten lassen.

Mill versucht nun, diese Methoden auf die Sozialwissenschaften zu übertragen. So bezeichnet er das letzte Buch seiner *Logik* – das Buch VI – als *Appendix*[79]. Seine Ausgangs- und Grundposition für die Methodik der Sozialwissenschaften ist individualistisch: *Die Menschen werden nicht, wenn sie zusammenkommen, in eine andere Art von Substanz mit verschiedenen Eigenschaften verwandelt, etwa so wie Wasser- und Sauerstoff vom Wasser verschieden sind, oder wie sich Wasser-, Sauer-, Kohlen- und Stickstoff von Nerven, Muskeln und Sehnen unterscheiden. Menschliche Wesen in der Gesellschaft besitzen keine anderen Eigenschaften als jene, die von den Gesetzen der Natur des individuellen Menschen herstammen und sich in diese auflösen lassen. Bei sozialen Phänomenen ist die Zusammensetzung von Ursachen das Grundgesetz.*[80] In der Nachfolge Comtes versteht Mill die *Geisteswissenschaften* – das Wort stammt aus der ersten deutschen Übersetzung von Mills *Logik* – als soziale Physik.

Der acht Jahre ältere Comte hatte bereits sein philosophisches System fertig: den «Cours de Philosophie positive» (1830–1842). Die wissenschaftliche Forschung sollte auf dem Kausalgesetz beruhen und von jeder metaphysischen Spekulation absehen. Die Methodik dient bei Comte zugleich politischen Folgerungen: Jeder Zweig des Wissens macht drei Stadien durch, das theologische, das metaphysische und das positive oder wissenschaftliche. Dies beruht auf der Entwicklung des Verstandes. Diese drei Stadien werden nicht nur von jedem Individuum, sondern auch von der Gesellschaft als Ganzer durchlaufen. Wie bei den Saint-Simonisten ist die Menschheit seit der Reformation auf dem Weg – in diesem Fall zum positiven Stadium. Die höchste Wissenschaft ist für Comte die «soziale Physik» oder Soziologie. Im positiven Stadium des Wissens würde diese komplexeste aller Wissenschaften die Gesetze und die Ordnung der Gesellschaft erkennen und übernehmen. Danach würde das menschliche Wissen vollkommen sein, der Fortschritt würde an ein Ende gelangen.

Mill bewunderte Comtes System, übersah jedoch seinen Konservatismus: Comte nahm die sozialen Institutionen als Fakten an, nicht als etwas Veränderbares. Dennoch hielt er sie für noch nicht am Ende ihrer Entwicklung angelangt. Mill stimmte mit Comte dagegen in der An-

Auguste Comte
(1798–1857)

nahme überein, daß die moralische und geistige Entwicklung wichtig für die Entwicklung der Gesellschaft ist. Das Volk müsse von Gelehrten geleitet werden.

Mills Ideal der Wissenschaft als «sozialer Physik» kann einzig die Politische Ökonomie genügen, die den Menschen als Homo oeconomicus betrachtet und von allen «störenden» Variablen absieht. In allen anderen Sozialwissenschaften ist die Konstellation von Kausalfaktoren, die die einzelnen Ereignisse und Entwicklungen bedingen, zu komplex. Über bloße Trendaussagen hinaus lassen sich daher keine allgemeinen Gesetze formulieren, die zur Prognose gesellschaftlicher Ereignisse oder Entwicklungen herangezogen werden könnten.

Den Grundstein zur Methodik der Wirtschaftswissenschaften legte Mill bereits in seinem frühen Essay zur *Definition der Politischen Öko-*

nomie. Darin will er die Grundlagen der Politischen Ökonomie wissenschaftstheoretisch bestimmen – dies hatten die Klassiker vor ihm versäumt. Der Essay gliedert sich in zwei Teile: Zunächst kritisiert Mill die herkömmlichen Definitionen, danach charakterisiert er die Politische Ökonomie wissenschaftstheoretisch und versucht, eine geeignete Methode zu entwickeln.

Den größten Einfluß auf Mill übte David Ricardo aus. In seiner Methodik verzichtet Ricardo im Gegensatz zu Adam Smith auf einen philosophisch-metaphysischen Unterbau: Pragmatismus und Utilitarismus dominieren. Damit wird der Liberalismus zur reinen Wirtschaftslehre, die frei von moralischen Grundsätzen dem Nützlichkeitsprinzip folgt. Während Smith im «Wohlstand der Nationen» (1776) sowohl deduktiv als auch induktiv argumentiert, arbeitet Ricardo in seinen «Grundsätzen» von 1817 rein deduktiv. Er wendet – wie schon der französische Ökonom Anne Robert Jacques Turgot vor ihm – die Methode der isolierenden Abstraktion an: Aus der Vielzahl der möglichen Kausalfaktoren,

Anne Robert Jacques Turgot
(1727–1781)

die an der Gestaltung einer ökonomischen Erscheinung mitwirken, werden einzelne isoliert und genauer untersucht. Die anderen Faktoren werden als konstant angenommen. Ricardo leitet seine Lehrsätze aus bestimmten psychischen Prämissen (etwa Erwerbstrieb) und sozialen Prämissen (beispielsweise Eigentumsordnung, Konkurrenzwirtschaft) ab. Damit wird die Nationalökonomie aprioristisch und deduktiv: Alle Theoreme konnten aus wenigen Postulaten oder Axiomen abgeleitet werden. Ricardo grenzt die «wahre Wirklichkeit», die durch die Gesetzlichkeit der wirtschaftlichen Daten charakterisiert ist, von dem unerklärten Rest ab, den «störenden Umständen» («disturbing causes»). Mill hat sich intensiv mit der Theorie Ricardos befaßt und als einer der ersten dessen Methode und Prämissen offengelegt. Ricardo selbst hatte sie dem Leser verborgen.

Mill konstatiert gleich zu Beginn seines Essays, daß es der Politischen Ökonomie – wie den anderen Wissenschaften auch – an *einer auf streng logischen Prinzipien beruhenden Definition*[81] fehle. Seine erste These entwickelt er aus der Kritik der Politischen Ökonomie als einer Wissenschaft, *die lehrt und bekundet, sie lehre, auf welche Weise eine Nation reich gemacht werden kann*[82]. Diese von Adam Smith begründete Auffassung herrschte zu Mills Zeit vor. Sein Einwand: Diese Definition verwechsle die Begriffe «Science» (Wissenschaft) und «Art» (Kunstlehre) miteinander. *Wenn die Politische Ökonomie eine Wissenschaft ist, so kann sie also keine Sammlung praktischer Regeln sein. Obwohl es, wenn sie keine nutzlose Wissenschaft sein soll, natürlich möglich sein muß, auf der Grundlage ihrer Erkenntnisse praktische Regeln aufzustellen.*[83] Zwischen Wissenschaft und Kunstlehre bestehe ein großer Unterschied: *Diese beiden Begriffe unterscheiden sich voneinander, wie sich das Verstehen vom Wollen unterscheidet oder in der Grammatik der Indikativ vom Imperativ. Der eine hat mit Tatsachen zu tun, der andere mit Regeln. Eine Wissenschaft ist eine Ansammlung von Erkenntnissen, eine Kunstlehre dagegen ein System von Regeln oder Verhaltensvorschriften. Die Sprache der Wissenschaft lautet: dies ist, oder dies ist nicht; dies geschieht oder geschieht nicht. Die Sprache der Kunstlehre ist: Tu dies, vermeide jenes. Wissenschaft nimmt Kenntnis von einem Phänomen und bemüht sich, sein Gesetz zu entdecken; die Kunstlehre setzt sich selbst ein Ziel und sucht Wege, dieses Ziel zu verwirklichen.*[84] Der Wissenschaft geht es also um das Verstehen, der Kunstlehre um das Wollen. Die Kunstlehre hat einen umfassenden Ansatz und will das Ganze erfassen, sie geht interdisziplinär vor. Die Wissenschaft bildet quasi die Grundlage der Kunstlehre. Die Kunstlehre wendet das wissenschaftlich gewonnene Wissen in der Praxis an. In der *Logik* beschreibt Mill das Verhältnis noch genauer: *Die Kunst stellt sich ein gewisses zu erreichendes Ziel, definiert es und übergibt es der Wissenschaft.*[85]

Adam Smith (1723–1790).
Medaillon von James Tassie,
1787

Die Kunstlehre entwickelt *mittelbare wissenschaftliche Wahrheiten* oder *axiomata media*.

Die Politische Ökonomie nimmt bei Mill eine Zwischenstellung zwischen Wissenschaft und Kunstlehre ein. Der streng wissenschaftliche Teil besteht in *den Gesetzen, die die Verteilung und den Konsum des Reichtums regeln*[86]. Die Naturwissenschaften befassen sich vor allem mit den Techniken der Produktion. *Die Gesetze der Produktion derjenigen Güter, die Reichtum ausmachen, sind Gegenstand sowohl der Politischen Ökonomie als auch nahezu aller Naturwissenschaften. Doch der Teil jener Gesetze, der rein die Materie betrifft, gehört zu den Naturwissenschaften, und zwar ausschließlich. Die übrigen, die Gesetze des menschlichen Geistes sind, und nur sie, gehören zur Politischen Ökonomie, die schließlich das gemeinsame Ergebnis beider Wissenschaften zusammenfaßt.*[87] Mill gibt auch ein Anwendungsbeispiel für die Politische Ökonomie. Bei der Produktion von Weizen zum Beispiel gibt es viele Gesetze der Materie (die Steuerung des Keimens der Saat, des Klimas) und ein Gesetz des

Verstandes: *daß der Mensch Nahrung besitzen möchte, und daß er infolgedessen die notwendigen Mittel einsetzt, um Nahrung zu bekommen*[88].

Die Politische Ökonomie nimmt also den *physikalischen Teil*[89] der Produktion als gegeben an. Sie unterscheidet sich von den physikalischen Wissenschaften durch die Einbeziehung der Gesetze des menschlichen Verstandes. Sie untersucht die *geistigen Phänomene*[90] bei der Produktion und Verteilung. Damit gewinnt sie eine Zwischenstellung: *sie leiht sich von der reinen Geisteswissenschaft die Gesetze jener Phänomene aus und untersucht, welche Wirkungen von diesen, gleichzeitig mit den naturwissenschaftlichen Gesetzen wirksam werdenden, geistigen Gesetzen ausgehen.*[91] Mill trennt die Politische Ökonomie sorgfältig von der Ethik, die eine *Verhaltenslehre (art)* ist, keine Wissenschaft[92].

Mill selbst definiert die Politische Ökonomie als *die Wissenschaft, die die Gesetze solcher [gesellschaftlichen] Phänomene aufzeigt, die sich aus dem Zusammenwirken der Menschen bei der Produktion von Reichtum ergeben, soweit Erscheinungen nicht durch das Anstreben irgendeines anderen Zieles [also eines nichtwirtschaftlichen] modifiziert werden*[93]. Die Einführung dieser engen Definition ist nach Mill die einzige Möglichkeit, um wissenschaftlich arbeiten zu können. Über die willkürliche Grenzziehung dieser Definition ist er sich klar: *Alle diese Handlungen werden von der Politischen Ökonomie so betrachtet, als ergäben sie sich letztlich aus dem Streben nach Reichtum, obwohl viele davon einer Vielzahl von Motiven entspringen.*[94] Er erkennt klar das hypothetische Element der Politischen Ökonomie: *Von allen gleich einfachen Hypothesen kommt diese der Wahrheit am nächsten.*[95]

Mit der Definition einer Wissenschaft ist für Mill auch die wissenschaftliche Methode verbunden, die Art der Untersuchungen also, durch die man zu Erkenntnissen gelangt. Er unterscheidet zwischen *Theorie* und *Praxis/Erfahrung*: In der Praxis wird die a-posteriori-Methode angewandt: Der Praktiker geht induktiv vor; er verwendet spezifische Erfahrungen und zieht daraus seine Schlüsse (*sozusagen nach oben*[96]). Auf diese Weise will er zu einer allgemeingültigen Feststellung gelangen. Dies ist laut Mill eine *rein induktive Methode*[97]. Sie setzt spezifische Erfahrungen voraus. Die Theorie dagegen bedient sich der a-priori-Methode: Sie leitet von spezifischen Fakten zunächst ein allgemeines Prinzip ab (*nach oben*[98]) und daraus dann spezifische Schlüsse (*nach unten*[99]). Er bezeichnet diese Methode als *eine Mischung aus Induktion und vernünftiger Schlußfolgerung*[100]. Es ist das Folgern von einer angenommenen Hypothese aus.

Die Politische Ökonomie ist also zunächst eine abstrakte Wissenschaft, die nach der a-priori-Methode arbeitet. *Ihre Schlußfolgerungen gehen von Annahmen, nicht von Fakten aus, und wir behaupten, daß dies zwangsläufig so sein muß. Sie ist auf Hypothesen aufgebaut, ganz analog zu jenen anderen Hypothesen, die unter der Bezeichnung Definition die Grundlage anderer abstrakter Wissenschaften bilden.*[101] Mill vergleicht dies mit der Geometrie, die willkürlich eine Gerade definiert. Nach dieser Definition hat sie nur eine Länge, aber keine Breite: *Ganz genauso geht die Politische Ökonomie von einer willkürlichen Definition des Menschen aus als eines Wesens, das beständig das tut, was ihm die bei dem gegebenen Wissensstand erreichbare größte Menge an notwendigen Gütern, Annehmlichkeiten und Luxus unter Einsatz der geringsten Menge Arbeit und physischer Selbstverleugnung verschafft.*[102]

In den Humanwissenschaften ist im Gegensatz zu den physikalischen Wissenschaften kein Raum für Labor-Experimente. Man kann nicht ausprobieren, ob eine Politik des Agrar-Protektionismus eine Nation wohlhabend macht oder nicht. Daher ist die Politische Ökonomie eine abstrakte und deduktive Wissenschaft; ihr wissenschaftlicher Charakter liegt in der Korrektheit ihrer Deduktion von der Abstraktion des ökonomischen Menschen.

Wenn die Grundsätze der Politischen Ökonomie als abstrakter, nach der a-priori-Methode vorgehender Wissenschaft auf einen speziellen Fall angewendet werden, dann müssen alle Umstände berücksichtigt werden. Vor allem muß beachtet werden, ob nicht auch außerökonomische Faktoren eine Rolle spielen: *Diese Umstände sind als störende Umstände bezeichnet worden. Und nur sie tragen ein Element der Unsicherheit in unser Verfahren hinein – eine Unsicherheit, die in der Natur dieser komplexen Phänomene begründet liegt und sich daraus ergibt, daß wir niemals ganz sicher sein können, daß uns alle Umstände des speziellen Falles ausreichend genau bekannt sind und daß einer von ihnen nicht unzulässigerweise unserer Aufmerksamkeit entgeht.*[103] Dieses Problem kann nach Meinung von Mill gelöst werden, da auch die Störfaktoren Gesetzen unterliegen, die erkannt und berücksichtigt werden können – *wie die Reibung in der Mechanik*[104].

Damit ist Mill bei dem Komplexitätsproblem in den Wissenschaften. Dieses Problem entsteht, wie er in einer Fußnote sagt, aus der Charakteristik der Kunstlehre. Die Wissenschaft klassifiziert nach Ursachen, die Kunstlehre dagegen nach Wirkungen. Ziel der Kunstlehre ist die Erzeugung einer bestimmten Wirkung. Das Hauptproblem ist: *Wirkungen werden im allgemeinen durch ein Zusammenwirken von Ursachen bestimmt. Haben wir irgendeine Ursache übersehen, so können wir aus allen anderen richtige Schlüsse ziehen und haben doch nur um so weniger recht. Unsere Prämissen sind richtig, unsere Folgerungen einwandfrei, und dennoch ist das Ergebnis in dem besonderen Fall von keinerlei Wert.*[105] Die Methode des praktischen Forschers hat zwei Teile: Analyse und Synthese.[106]

Zunächst wird der Zustand der Gesellschaft in alle Einzelheiten zerlegt, und die Gesetze jedes Elementes werden untersucht. Dann werden diese Wirkungsursachen zusammengefaßt, und aus den Einzelwirkungen wird die Gesamtwirkung erschlossen. *Wenn diese verschiedenen Schritte korrekt durchgeführt werden könnten, so wäre das Ergebnis Prophetie.*[107]

Zur Lösung des Komplexitätsproblems braucht es zweierlei: eine umfassende Bildung des Wissenschaftlers und die a-posteriori-Methode der Praxis. Weil die Einzelwirkungen zu verschiedenen Wissenschaften gehören können, muß der Forscher in der Kunstlehre umfassend gebildet sein. *Jede Kunstlehre setzt nicht nur eine spezielle, sondern die Wissenschaft allgemein oder zumindest mehrere verschiedene Wissenschaften voraus.*[108] Ein Ökonom, der nichts weiter als Ökonom ist, würde versagen, wenn er seine Wissenschaft auf die Praxis anzuwenden sucht.[109] Außerdem kommt der a-posteriori-Methode der Praxis bei der Anwendung der nationalökonomischen Gesetzeshypothesen eine gewisse Bedeutung zu: Die Bestätigung der von der a-priori-Methode aufgestellten Hypothesen gehört in den Bereich der Anwendung der Wissenschaft. Daneben soll die a-posteriori-Methode dort, wo die Störfaktoren nicht dem gleichen Naturgesetz folgen, mehr Sicherheit geben. Allzugroß ist die Rolle für empirische Verifikation oder a-posteriori-Bestätigungen bei Mill jedoch nicht: Ökonomische Gesetze sind keine strengen Vorhersagen und daher auch nicht streng verifizierbar. Folglich können wir nur von Tendenzen sprechen. Ökonomische Vorhersagen sagen nicht, was geschehen wird, sondern sind eine Art der Beschreibung einer *Kraft [...], die mit bestimmter Intensität in diese Richtung wirkt*[110]. Wegen der unvermeidlichen «störenden Umstände» gibt es keinen sicheren Weg der Verifikation der Gesetze.

Mill verbrachte mit Harriet in dieser Phase fast seine gesamte freie Zeit. 1844 ging es ihr wieder besser, so daß sie mit ihrer inzwischen dreizehn Jahre alten Tochter Helen für zwei Monate auf eine Reise durch die Normandie gingen. Sie diskutierten viel über Frauenfragen. August Comte hielt Frauen für weniger intelligent als Männer, da ihr Gehirn physiologisch kleiner sei. Über diese Frage entfremdeten sich Mill und Comte. Als Harriet den für sie eigens gebundenen Briefwechsel der beiden las, zeigte sie sich enttäuscht von Mills Antworten: «Ich bin überrascht, in Deinen Briefen Deine Meinung unentschieden zu finden, wo ich sie gefestigt dachte – ich bin enttäuscht über einen mehr als halb-entschuldigenden Ton, mit dem Du Deine Meinungen kundtust.»[111]

Als Comte im Juli 1844 nach dem Verlust seines Arbeitsplatzes in finanzielle Schwierigkeiten geriet, wollte Mill ihm helfen, was Comte jedoch ablehnte. Mill gelang es aber, andere wohlhabende Bewunderer

Harriet Taylor. Miniatur aus dem Jahr 1844

von Comte zu finden, die ihn unterstützten. Es waren Grote, Molesworth und ein wohlhabender Bankier namens Raikes-Currie. Als diese ihre Unterstützung nach wiederholten Forderungen versagten, war Comte enttäuscht: Er hatte sie für seine Jünger gehalten. Der letzte Brief Comtes an Mill datiert vom 3. September 1846, Mills letztes Schreiben vom 17. Mai 1847 blieb unbeantwortet.

Zur endgültigen Trennung kam es, als Comte 1852 bis 1854 sein «Système de Politique positive» veröffentlichte. Darin arbeitet er ein religiöses System mit der Abstraktion der Humanität als höchstem Ideal aus. Er entwirft das Bild eines totalitären Staates, in dem Position und Pflichten der Individuen genauestens festgelegt werden sollten: Jeder sollte dreimal täglich beten, insgesamt zwei Stunden lang. Die Mittelklasse würde verschwinden, statt dessen sollte es nur Reiche und Arme geben. Alle Bücher – mit Ausnahme von 100 durch Comte gewählten Titeln – sollten verbrannt werden. In den folgenden Auflagen seiner *Logik* strich Mill die Passagen, die voll des Lobes für Comte waren. 1865 setzte er sich in *Auguste Comte und der Positivismus* mit ihm auseinander und kritisierte die totalitären Züge des im Comteschen «Système» entworfenen technokratischen Herrschaftssystems: Er nannte die Comtesche Theorie das *vollständigste System des geistigen und weltlichen Despotismus*[112].

Der Nationalökonom: Die gerechte Verteilung (1843–1848)

Nach dem Erfolg seiner *Logik* war Mill plötzlich eine wichtige Größe im Geistesleben Englands. Im Herbst 1845 begann er mit der Arbeit an seinem zweiten Hauptwerk, den *Prinzipien der Politischen Ökonomie*. Er war ganz in seinem Element: Bereits am Ende des Winters hatte er die Hälfte geschrieben. Im März 1847 war der erste Entwurf fertig, obwohl Mill durch vielerlei Arbeiten unterbrochen worden war: Innerhalb von 15 Monaten hatte er mehr als 60 Artikel für den «Morning Chronicle» verfaßt. Die Arbeit an dem Buch fiel ihm leicht, da er lediglich das ökonomische Wissen seiner Zeit zusammenfassen wollte. Von März bis Dezember 1847 schrieb er dann den ersten Entwurf noch einmal vollkommen um. In dieser Zeit soll Harriet Taylor den Text geprüft und die sozialistischen Gedanken verstärkt haben. Vor allem das Kapitel *Von der wahrscheinlichen Zukunft der arbeitenden Klassen* soll fast vollständig von ihr stammen. Mill ließ ihr auf dem Vorsatzblatt eine enthusiastische Widmung drucken, die er aber auf ihren Wunsch – und Drängen ihres Mannes – auf einige wenige Geschenkexemplare beschränkte. Sie lautete: *Mrs. John Taylor als der in höchstem Maße qualifizierten von allen dem Autor bekannten Personen, um theoretische Betrachtungen über gesellschaftliche Verbesserungen entweder entstehen zu lassen oder zu würdigen, ist dieser Versuch, Ideen zu erklären und zu verbreiten, von denen viele zuerst von ihr selbst gelernt wurden, mit dem höchsten Respekt und Achtung gewidmet.*[113]

Mill spürte die Notwendigkeit einer Revision der nationalökonomischen Lehren: Im neunzehnten Jahrhundert war die noch junge Wissenschaft der Nationalökonomie – damals Politische Ökonomie genannt – in ihre erste Krise geraten. Der Schotte Adam Smith hatte die Wissenschaft von der Wirtschaft und ihren Abläufen im Jahr der amerikanischen Unabhängigkeitserklärung 1776 mit seinem Werk «Der Wohlstand der Nationen» begründet. Smith, zugleich Moralphilosoph, formulierte das klassische System: Die Menschen handeln aus Selbstinteresse, sie sind in ihrem Handeln frei, die entscheidende Kraft des Fortschritts im Wirt-

Arbeitslose in einem Londoner Asyl, 1844

schaftsleben ist die Konkurrenz. Doch der optimistischen Theorie Smiths und dem Glauben an die ewige Mehrung des Wohlstandes setzte die «pessimistische Klassik» von Thomas Robert Malthus und David Ricardo bald ihre Theoreme vom überproportionalen Bevölkerungswachstum und der fallenden Profitrate entgegen.

Vor allem die Bevölkerungstheorie des Reverend Malthus erregte um 1800 die Welt der Intellektuellen und Gebildeten. Malthus kümmerte sich weniger um Metaphysik als um Empirie. 1798 erschien sein Traktat «Eine Abhandlung über das Bevölkerungsgesetz» mit der berühmten Erklärung der anhaltenden Armut trotz Industrialisierung: Die Bevölkerungszahl habe die Tendenz, die Mittel der Subsistenz zu übersteigen. Die Menschheit verdoppele sich alle 25 Jahre, also geometrisch (1, 2, 4, 8,...), die Agrarproduktion wachse dagegen nur arithmetisch (1, 2, 3, 4,...). Später gab Malthus die Schuld an der Armut der «hemmungslosen Fortpflanzung» der Arbeiter und forderte «moralische Beschränkung» mit freiwilliger Enthaltsamkeit und dem Aufschub der Heirat. Mill und andere Utilitaristen folgten dieser Argumentation: *Man kann nur geringe moralische Fortschritte erwarten, ehe nicht die Erzeugung der Nachkommenschaft mit denselben Gefühlen betrachtet wird wie die Trunkenheit oder jede andere Ausschweifung.*[114] Sie erweiterten die Malthussche Lehre: *Das Bevölkerungsprinzip von Malthus war für uns ebenso ein Banner und ein gemeinsamer Punkt, wie eine Meinung, die zu Bentham gehörte. Diese große Lehre, ursprünglich vertreten als ein Argument gegen die unendliche Verbesserungsfähigkeit der menschlichen Angelegenheiten, nahmen wir mit glühendem Eifer im entgegengesetzten Sinne auf: als einen Hinweis auf das einzige Mittel, um diese Verbesserungsfähigkeit in Form der Sicherung von Vollbeschäftigung für die ganze arbeitende Bevölkerung bei hohen Löhnen durch eine freiwillige Begrenzung des Wachstums ihrer Zahl zu verwirklichen.*[115]

Noch wichtiger für Mills Ökonomie als Malthus war David Ricardo. John Stuart Mill übernahm die wichtigsten Lehren Ricardos, die Wert- und die Grundrententheorie. Er hatte die Ricardianische Ökonomie 1819 kennengelernt, mit dreizehn Jahren. Als Freund seines Vaters war Ricardo oft zu Gast bei den Mills, die damals am Queen Square Nr. 1 wohnten. Ricardo und John Stuart Mill freundeten sich rasch an und unternahmen gemeinsame Spaziergänge. Ricardo hatte an der Londoner Börse ein Vermögen gemacht und war dann zufällig während eines Kuraufenthaltes seiner Frau auf Adam Smiths «Wohlstand der Nationen» gestoßen. Ricardo befürwortete – wie Smith – eine freie Gesellschaft. Im Gegensatz zu dem Schotten bediente er sich aber einer abstrakten Methode, mit deren Hilfe er ewige, unveränderliche Wahrheiten zu entdecken hoffte. Sein Einfluß auf die Ökonomen beruhte vor allem auf der logischen Stringenz seiner Argumente. Seine Theorie der Landrente hatte zudem einen – durchaus populistisch nutzbaren – Zug gegen die Landeigner.

Während Adam Smith noch eine alles durchziehende Harmonie des Wirtschaftslebens vorausgesetzt hatte, sah Ricardo die sozialen Widersprüche: In der Gesellschaft gibt es den Gegensatz dreier Klassen – Arbeiter, Unternehmer und Grundherren. Ricardo legt das Schwergewicht auf die Frage der Verteilung des Volkseinkommens aus Lohn, Profit und Bodenrente auf diese Klassen. Sein Erkenntnisziel: *die Gesetze zu bestimmen, welche die Verteilung regeln*[116]. Er wendet sich gegen die Smithsche Betonung der Produktionsvorgänge und bereitet ihrer Unterschätzung durch Mill den Boden. Ricardos wichtigstes Theorem, das großen Einfluß auf Karl Marx hatte, ist das Gesetz der fallenden Profitrate: Die Grundbesitzer beziehen Rente aus der Verpachtung ihres Bodens. Da die Bevölkerung wächst, müssen immer schlechtere Böden zur Versorgung genutzt werden. Die Lebensmittelpreise steigen. Der Lohn des Arbeiters jedoch ist lediglich ein Subsistenzlohn: Er liegt beim Existenzminimum, da bei starkem Bevölkerungswachstum das Angebot an Arbeit die Nachfrage übersteigt. Bei steigenden Lebensmittelpreisen steigen auch die Löhne. Dadurch nimmt der Profit der Unternehmer ab. Investitionen werden weniger lohnend, die Wirtschaft stagniert.

Im April 1848 erschienen Mills *Prinzipien der Politischen Ökonomie, mit einigen Anwendungen auf die Sozialphilosophie*. Es war das Jahr der liberalen Revolution in Kontinentaleuropa und des Kommunistischen Manifestes. Der Erfolg war überwältigend: In England erreichte Mills Buch 32 Auflagen in 50 Jahren. Es gilt als das wichtigste Lehrbuch britischer Ökonomie-Studenten im neunzehnten Jahrhundert. Erst Alfred Marshalls «Prinzipien der Ökonomie» konnten es ab 1890 mit einem ebenso durchschlagenden Erfolg verdrängen. Vor allem die Systematik des Millschen Buches war lange Zeit vorbildlich: Die Kapitelthemen sind Produktion, Verteilung, Tausch, gesellschaftlicher Fortschritt und der Einfluß der Regierung. Mill hat sein Werk ähnlich den «Principles» von Ricardo aufgebaut – mit einer Abweichung: Die Wertlehre steht nicht am Anfang, sondern wird erst im dritten der fünf Bücher behandelt. Denn Mill betrachtete die Werttheorie als abgeschlossen: *Glücklicherweise ist in den Gesetzen des Wertes weder dem gegenwärtigen noch einem künftigen Autor etwas übrig gelassen, was noch aufzuklären wäre*[117] – ein großer Irrtum. Ein weiterer Erfolgsfaktor war das Bemühen Mills, die Politische Ökonomie in einen größeren sozialphilosophischen Zusammenhang einzuordnen.

Viele von den Theorien Mills gelten heute als antiquiert oder irrelevant. Weiterhin aktuell sind jedoch seine Gedanken an der Schnittstelle zwischen der reinen Ökonomie und der Sozialphilosophie und Ethik. In der Einleitung zu den *Principles* bietet er eine eigene Definition der Nationalökonomie: *Schriftsteller über Volkswirtschaft wollen das Wesen des Vermögens und die Gesetze seiner Produktion und Verteilung lehren und erforschen, wobei mehr oder weniger unmittelbar die Wirksamkeit aller der Ursachen eingeschlossen ist, infolge derer die Lage der Menschheit oder irgendeiner Gesellschaft menschlicher Wesen bezüglich jenes allgemeinen Ziels menschlicher Wünsche verbessert oder verschlechtert wird.*[118] Damit bindet Mill die Politische Ökonomie in ein qualitatives Wertesystem ein. Das letzte Ziel der Politischen Ökonomie sei *das Gute für die Menschheit (oder vielmehr für ihre verschiedenen Glieder)*[119]. Konkret gehört zum *Guten* zum einen die Freiheit des einzelnen, zum anderen ein angemessenes materielles Auskommen für alle. Mit letzterem Ziel setzt er sich in Widerspruch zur klassischen Theorie, die nur in der Steigerung des Wohlstandes das Ziel sah, die Verteilung der materiellen Güter aber nicht beachtete. Mill will das Land der Klassiker, die reine Ökonomie mit ihren abstrakten naturnotwendigen ökonomischen Gesetzmäßigkeiten, verlassen: Er gibt die Prämisse des Homo oeconomicus, also des rationalen Nutzenmaximierers, auf.

Mills zentrale und zugleich umstrittenste These ist die Trennung von Produktion und Verteilung, die er selbst für das Hauptverdienst seines Werkes hielt. Während die Gesetze der Produktion *wahre Naturgesetze sind und sich auf die Eigenschaften der Gegenstände gründen*[120], gibt es bei der Verteilung nur von Menschen gemachte Gesetze zu untersuchen, die auch wieder von Menschen geändert werden können. *Wenn die Dinge einmal da sind, so können die Menschen individuell, oder in Gesamtheit, mit ihnen verfahren, wie sie es für gut finden.*[121] Bei der Produktion gehe es vor allem um Effizienz (Mills stets wiederkehrende Formel hierzu: *ob sie es mögen oder nicht*[122]), bei der Verteilung dagegen um Gerechtigkeit. Damit verbleibt er für den Bereich der Produktion im Rahmen der klassischen Theorie. Aber in dem ihm wichtigeren Bereich der Verteilung kann er seine Wertmaßstäbe anlegen.

Danach differenziert Mill weiter zwischen Produktion und Verteilung, und zwar mit der im Anschluß an Comte vorgenommenen neuen Scheidung von Statik und Dynamik. Beide seien verschiedene Zustände des theoretischen Erkenntnisobjektes Volkswirtschaft. Die Statik ist nach Mill Gleichgewichtstheorie, die Dynamik Bewegungstheorie. In der Dynamik werden Faktoren berücksichtigt, die das Gleichgewicht verändern, wie etwa Besteuerung oder technischer Fortschritt. Die Produktion bildet das statische Element; sie zeigt die Volkswirtschaft im Gleichgewicht. Die Verteilung hingegen, durch persönliche oder geschichtliche Faktoren bestimmt, ist das dynamische Element; hier werden zwischenmenschliche Beziehungen abgebildet, die von den Veränderungen der Gesellschaft abhängen.

Innerhalb seines theoretischen Systems hat Mill für die Trennung zwischen Produktion und Verteilung gute Gründe. Erstens kann er damit den Konflikt zwischen Kausalität und Willensfreiheit in den Sozialwissenschaften lösen. Mill erhält die Lehre des freien Willens auch in der Politischen Ökonomie und muß nicht alles kausalen Gesetzen unterwerfen. Zweitens, und weit wichtiger, rettet er sein ethisches Anliegen. Einerseits kann er am ökonomischen Liberalismus festhalten: Im Produktions- und Tauschprozeß besteht der Grundsatz der Wirtschaftsfreiheit im Sinne eines Gesetzes der naturrechtlichen Philosophie. Eingriffe können dem Werk der Natur schaden. Zugleich kann aber die Wohlfahrt aller durch Eingriffe in die Distributionssphäre gesteigert werden. Die dritte Erklärung findet Pedro Schwartz, ein Mill recht wohlgesonnener Interpret, in dessen «Anti-Wachstums-Haltung»[123]. Danach sei für Mill die Maximierung der Produktion ohnehin kein wertvolles Ziel.

Aus der Trennung der Untersuchungsbereiche folgt für Mill auch die

Forschungsmethode. Nach den Überlegungen der *Logik* glaubte er, daß die Produktion – wie die Naturwissenschaften – nur durch die a-priori- oder konkret-deduktive Methode erfaßt werden kann. Erst die deduktiven Schlüsse sind durch die Erfahrung zu verifizieren oder durch Induktion zu beweisen. Für die Verteilung dagegen gibt es keine a priori gültigen Normen, sondern nur a posteriori festzustellende Tendenzen. Bei ihr ist daher die Induktion oder die *invers-deduktive Methode* anzuwenden. Bei der Produktion dient die spezifische Erfahrung dazu, die durch Deduktion erhaltenen Gesetze zu überprüfen, bei der Verteilung ist es dagegen umgekehrt: Die spezifische Erfahrung liefert induktiv die Gesetze, und die Deduktion überprüft sie. Mill sagt daher, daß in den Sozialwissenschaften keine zuverlässigen Schlußfolgerungen ohne das Zusammenwirken beider Methoden – der direkten wie der invers-deduktiven – gezogen werden können. Noch in den *Essays* hatte er den Standpunkt vertreten, daß für die Erforschung der Politischen Ökonomie die konkret-deduktive Methode allein genüge.

Neben der Trennung von Produktion und Verteilung – nach der Mehrheitsmeinung der Ökonomen beeinflußt die Verteilung sehr wohl die Produktion – ist auch Mills Sicht des stationären Zustandes umstritten. In der Soziologie des achtzehnten und neunzehnten Jahrhunderts dominiert der beinahe uneingeschränkte Glaube an den Fortschritt von Menschheit und Gesellschaft. Unter den Politischen Ökonomen dieser Zeit ist Mill beinahe der einzige, der den «stationären» Zustand, in dem die wirtschaftliche Produktion stagniert, zumindest für die industrialisierten Länder nicht als Katastrophe und Krisensignal sieht, sondern als Möglichkeit eines gerechteren, gelasseneren und kultivierteren gesellschaftlichen Lebens. Seine Überlegungen sind im Zuge der Diskussion über die «Grenzen des Wachstums» wieder beachtet worden. Mill glaubt zwar an den Fortschritt, ist aber im Gegensatz zu anderen Ökonomen nicht auf den materiellen Fortschritt fixiert. Der Fortschritt werde von dem *Zustand der spekulativen Fähigkeiten der Menschen, die Beschaffenheit der Glaubensmeinungen mit eingerechnet, zu denen sie in Betreff ihrer selbst und der sie umgebenden Welt auf was immer für einem Wege gelangt sind*[124], bestimmt. Alle anderen Faktoren – etwa die moralische oder wirtschaftliche Lage – sind Folgen der intellektuellen Situation und werden in jedem Falle durch sie begrenzt. Mill begründet dies mit zwei Argumenten. Da sind zum einen die Gesetze der menschlichen Natur. Alle Anlagen der menschlichen Natur, die zum Fortschritt beitragen, brauchen intellektuelle Mittel als Grundlage.[125] Zum zweiten gibt es allgemeine Tatsachen der Geschichte. *Angesichts dieser Fülle von Beweisen haben wir das Recht zu schließen, daß die Ordnung des menschlichen Fortschreitens in allen Richtungen hauptsächlich von der Ordnung des*

Fortschreitens in den intellektuellen Überzeugungen der Menschheit, d. h. von dem Gesetze der auf einander folgenden Umgestaltungen menschlicher Meinungen abhängen wird.[126]

Die fortschreitende wirtschaftliche Entwicklung ist nach Mill charakterisiert durch *das beständige und [...] das unbegrenzte Wachstum der Herrschaft des Menschen über die Natur*[127] und *die ständige Zunahme der Sicherheit der Person und des Eigentums*[128]. Die Wirtschaft schreitet vor allem hinsichtlich des materiellen Wohlstandes fort. Mill führt den ethischen Gedanken zunächst explizit ein: Er stellt fest, daß es nicht ausreiche, nur die Gesetze der Bewegung aufzuzeigen. Fortschritt sei seiner Natur nach nicht unbeschränkt. *Welchem Endpunkt strebt die Gesellschaft mit ihrem industriellen Fortschritt zu? In welcher Lage müssen wir erwarten, daß sich das Menschengeschlecht befinden wird, wenn dieser Fortschritt einmal aufhört?*[129] Der stationäre Zustand stellt für Mill den unbeabsichtigten und unausweichlichen Endpunkt der industriellen Revolution dar. *Die Volkswirte müssen es stets mehr oder minder deutlich erkannt haben, daß die Zunahme des Wohlstands nicht grenzenlos ist, so daß am Ende des sogenannten progressiven Zustandes der stationäre Zustand liegt, daß jeder Fortschritt im Vermögen nur ein Hinausschieben dieses Zustandes sei und jeder Schritt vorwärts nur eine Annäherung an ihn.*[130]

Mill unterscheidet sich radikal von seinen klassischen Vorgängern, denen die Stagnation als *eine unerfreuliche und entmutigende Aussicht*[131] erschien. Für ihn ist der stationäre Zustand eine Chance, eine harmonische Sozialordnung zu schaffen. *Ich bekenne, daß ich mich nicht mit dem Lebensideal derjenigen befreunden kann, welche dafür halten, daß fortwährendes Gegeneinanderkämpfen der normale Zustand menschlicher Wesen sei; daß das Sich-Drängen, Stoßen, Schieben, was die derzeit üblichen Umgangsformen des gesellschaftlichen Daseins abgibt, das erstrebenswerteste Los der menschlichen Gattung oder irgend etwas anderes seien als die unerfreulichen Symptome eines der Stadien des industriellen Fortschritts.*[132] Diese Aussage widerspricht Mills sonstigem Festhalten am Prinzip der Konkurrenz, das den Fortschritt fördern und die Trägheit der Masse verhindern soll. Er wendet sich gegen den Materialismus, der seiner Ansicht nach ein Tun ohne Sinn befürwortet: *Ich sehe nicht ein, weshalb es eine Veranlassung zur Beglückwünschung abgeben sollte, daß Personen, die bereits reicher sind, als es für irgend jemanden nötig ist, ihre Mittel verdoppelt haben, um Dinge zu verbrauchen, welche wenig oder gar keine Freude gewähren, es sei denn als eine Zurschaustellung des Reichtums.*[133] Die Zunahme der Produktion habe nur für unterentwickelte Länder noch Bedeutung; für die entwickelten Länder sei die Verteilung weit wichtiger. In den reichen Ländern sieht Mill statt einer bloßen Mehrung des Ergebnisses der Gesamtproduktion eher das Ziel eines Wohl-

Ein Schwein ist mehr wert als ein alter Arbeiter.
Karikatur im «Punch» 1846, Titel: «Die Rivalen».

stands für alle, also eine bessere Verteilung. Zum zweiten richtet sich Mill gegen die Ausbeutung der Natur. Es soll nicht jeder Flecken Erde auch bebaut und genutzt werden. Der Mensch muß auch allein sein können – ein Gedanke, den er von seinem Lieblingsdichter Wordsworth übernimmt.

Aus seiner Betonung der Verteilung und seiner Sicht des stationären Zustands folgt notwendig der Übergang zum Sozialismus: Mill erwartete, daß das Stadium des Stillstandes mit einer neuen, postkapitalistischen Politischen Ökonomie einhergehen würde, die durch Genossenschaften der Produzenten gekennzeichnet wäre. Die Folge der ersten entstehenden Genossenschaften: Die Gesamtproduktivität der Industrie nimmt zu. Erstens reduziere sich die Zahl der *bloßen Distribuenten*[134], zweitens entstehe ein *starker Antrieb, welcher der produktiven Energie dadurch gegeben wird, daß die Arbeiter als Gesamtheit in eine Beziehung zu ihrer Arbeit gesetzt werden*[135]. Doch der materielle Nutzen bedeutet ihm *so gut als nichts im Vergleich mit der moralischen Umgestaltung der menschlichen Gesellschaft, welche ihn begleiten würde: der Heilung der Fehde zwischen Kapital und Arbeit*[136]. Nach Bildung der Genossenschaften würden ihnen immer mehr gute Arbeiter zulaufen, so daß die *Privat-Kapitalisten* es mehr und mehr *als notwendig erkennen, die Gesamtheit ihrer Arbeiter am Unternehmergewinn zu beteiligen*[137]. Danach träumt Mill weiter von der Realisierung seiner gesellschaftlichen Utopie: *Schließlich, und vielleicht in einer weniger fernen Zukunft als vorhergesagt werden mag, könnte das Prinzip des Genossenschaftswesens den Weg bilden zu einer Umgestaltung der menschlichen Gesellschaft, bei welcher Freiheit und Selbständigkeit der Individuen mit den moralischen, intellektuellen und wirtschaftlichen Vorteilen einer verbundenen Produktion vereinigt blieben, und welche ohne Gewalttätigkeit oder Beraubung und selbst ohne plötzliche Störungen in den bestehenden Gewohnheiten und Erwartungen, wenigstens auf dem industriellen Gebiete, die besten Wünsche des demokratischen Geistes verwirklichen würde, indem sie der Teilung der Gesellschaft in Fleißige und Müßiggänger ein Ende machte und alle sozialen Auszeichnungen verschwinden ließe, mit Ausnahme der durch persönliche Dienste und Anstrengungen redlich erworbenen.*[138]

Durch die Genossenschaften sinkt der Gewinn der Kapitalisten. Statt mit den schlechtesten Arbeitern zu produzieren, würden sie es eher vorteilhaft finden, *ihr Kapital den Genossenschaften zu leihen, dies später zu einem sich abmindernden Zinssatz zu tun, und endlich sogar vielleicht ihr Kapital gegen ablaufende Jahresrenten zu tauschen*[139]. Somit wandelten die Kapitalisten ihre Gesellschaften spontan und freiwillig in Arbeitergenossenschaften um. Sie würden damit der Logik des Marktes folgen und ihren Besitz gegen ein festes Einkommen eintauschen, wenn die Stagnation einsetze. Die Arbeiter würden dagegen gern das Kapital nehmen, um die vollen Früchte ihrer Arbeit zu ernten.

Eine glückliche Gesellschaft ist für Mill durch folgende Elemente charakterisiert: *einen gut bezahlten und wohlhabenden Arbeiterstand; keine enormen Vermögen, außer solchen, die während einer einzelnen Lebenszeit erworben und angesammelt wären; aber eine viel größere Klasse von Personen als jetzt, nicht allein befreit von größeren Mühen, sondern auch im Genuß hinlänglicher leiblicher wie geistiger Muße, um frei von mechanischen Details die anmutige Seite des Lebens zu pflegen und den minder günstig gestellten Klassen ein Beispiel für deren Pflege zu geben*[140].

Mills Vision einer guten Gesellschaft ist die Vision eines kooperativen Sozialismus. Eine der wesentlichen Abweichungen von der traditionellen sozialistischen Theorie betrifft das Eigentum. Die Konzeption des privaten Eigentums ist eine der Grundlagen der klassischen Nationalökonomie und ihres Menschenbildes. Schon Aristoteles bringt in seiner «Politiká» gegen den aristokratischen Kommunismus von Platons «Staat» vor: Bei kollektivem Eigentum würden die Menschen dazu neigen, sich auf Kosten der anderen ein schönes Leben zu machen. Dieses Argument übernahmen die Scholastiker. In der Neuzeit wurde das Privateigentum zugleich als natürliches Recht des Individuums gesehen, weil es als die wesentliche Bedingung der Entwicklung seiner individuellen Freiheit und Autonomie galt. Mill gebraucht nicht den Ausdruck «natürliches Recht», doch seine Sicht ist ähnlich. Privateigentum ist für ihn eine Voraussetzung des Fortschritts. Eigentum definiert er als *Anerkennung eines Rechts für jede Person, ausschließlich zu verfügen über dasjenige, was sie durch eigene Anstrengung hervorgebracht oder durch Schenkung oder rechtmäßige Übereinkunft, ohne Gewalt oder Betrug, von denen, die es hervorgebracht haben, erhalten hat. Die Grundlage des Ganzen ist das Recht der Produzenten auf dasjenige, was sie selbst hervorgebracht haben*[141]. Das Privateigentum an Produktionsmitteln ist für ihn das Grundprinzip liberaler Wirtschaftsordnung. Dagegen fallen Erbschaften oder das Recht auf Landeigentum nicht unmittelbar unter die Definition.

Mill begründet das Privateigentum mit drei Argumenten: erstens mit dem Recht des Individuums gegenüber der Gesellschaft. Jeder Mensch hat einen Anspruch auf den Ertrag seiner Arbeit oder seiner Sparsamkeit (Abstinenz). Zweitens mit dem ökonomischen Effizienzargument: Die Menschen werden zu maximalen Leistungen motiviert, wenn sie sich das Ergebnis dieser Leistungen individuell aneignen können. Drittens sei das individuelle Eigentum das wesentliche Instrument, durch das die Individualität sich selbst entwickelt.

Mill will das System des Privateigentums nicht zerstören, sondern verbessern: Sein Ideal ist die Partizipation aller Mitglieder der Gemeinschaft an den Vorteilen des privaten Eigentums. Er kritisiert die bestehende Verteilung des Eigentums als *nicht das Ergebnis einer gerechten Teilung oder der Aneignung der Erwerbstätigkeit, sondern von Eroberung und Gewalttätigkeit*[142] Das Privateigentum müsse im Dienst der Gemeinschaft arbeiten, sonst verliere es seinen Sinn.

Insgesamt ist Mills Stellung zum Sozialismus nicht leicht zu fixieren, da sich seine Haltung während seines Lebens verändert hat. Mills *Principles* wurden zu seinen Lebzeiten siebenmal neu aufgelegt. Die vielen Textänderungen von Mill zeigen, daß ihm das moralische Anliegen immer wichtiger wurde. Dies betraf vor allem die Wertung des Sozialismus, für den sich Harriet Taylor stark machte. Sein Biograph Packe spricht von «Harriets verblüffender, beinahe hypnotischer Kontrolle von Mills Verstand»[143]. In der ersten Auflage hatte sich Mill noch ausdrücklich gegen die Möglichkeit des Sozialismus ausgesprochen.

Slums im viktorianischen England.
Lithographie von Gustave Doré

Seine Ansichten lassen sich in drei Phasen einteilen, die sich teilweise in der Veränderung der jeweiligen Neuauflage der *Principles* niederschlagen.

1. Phase: Die *Principles* wurden vor den Revolutionen von 1848 veröffentlicht. Mill behandelte den Sozialismus in dem Kapitel über Eigentum in Buch II sowie in Buch IV, Kapitel 7, *Von der wahrscheinlichen Zukunft*

der arbeitenden Klassen, von dem er uns mitteilt, daß es von Harriet Taylor inspiriert war. Der Sozialismus wirkte vor allem emotional und moralisch anziehend auf ihn. Allerdings erkennt er die praktischen Schwächen des utopischen Sozialismus.

2. Phase: Er gestaltet das erste dieser Kapitel neu, nachdem die Revolutionen von 1848 und der coup d'état von Napoleon III. seine Sympathien für die französischen Sozialisten verstärkt hatten. Am stärksten sind die Veränderungen in der dritten Auflage von 1852. Das Kapitel über die arbeitenden Klassen wurde in dieser Zeit nur relativ wenig verändert. Mill erkennt in seinem Vorwort zur dritten Auflage den Sozialismus als Endziel des menschlichen Fortschritts an.

3. Phase: Schließlich schrieb Mill 1869 die *Chapters on Socialism*, die er nicht mehr beendete und die postum 1879 erschienen. 1869 war die Erste Internationale bereits gegründet. Mill warnt vor der Unterdrückung der Individualität. Er begann an die baldige Verwirklichung des Sozialismus zu glauben, allerdings nicht durch Revolution. Er schreibt in seiner Autobiographie: *Jetzt waren wir viel weniger Demokraten, als ich vordem gewesen, weil wir, so lang die Erziehung fortfährt, so kläglich unvollkommen zu sein, die Unwissenheit, namentlich aber die Selbstsucht und Brutalität der Massen fürchteten; doch ging unser Ideal von schließlicher Verbesserung weit über die Demokratie hinaus und würde uns entschieden unter die Gesamtbezeichnung «Sozialisten» einreihen.*[144]

Mill versucht die klassische liberale Theorie und ihr Freihandels- und Wettbewerbsideal mit politischen Eingriffen zugunsten der Arbeiterbevölkerung zu kombinieren. Grundlegend hierfür ist das Kapitel *Von der wahrscheinlichen Zukunft der arbeitenden Klassen*. Darin wird ein Reformprogramm der kapitalistischen Wirtschaft ausgearbeitet, das zahlreiche sozialpolitische Maßnahmen enthält. Ausgangspunkt ist der Anspruch der Arbeiterschaft auf Gleichberechtigung im politischen Bereich. Mill weist die Aussage zurück, nach der das *Los der Armen in allen Dingen, welche ihre Gesamtheit betreffen, für sie, nicht durch sie*[145] zu regeln sei. Dafür nennt er zwei Gründe: Zum einen seien die wirtschaftlich und politisch herrschenden Klassen nicht geeignet, im Interesse der Arbeiterschaft zu handeln. Bisher hätten sie *ihre Macht in ihrem eigenen selbstsüchtigen Interesse gebraucht und durch das Gefühl ihrer überlegenen Bedeutung sich bestimmen lassen, diejenigen, die ihrer Meinung nach auf niedrigerer Stufe standen, zu verachten, nicht aber liebevoll für sie zu sorgen*[146]. Zum anderen seien die Armen bereits selbständiger geworden: Der *Fortschritt der Masse der Bevölkerung in geistiger Ausbildung und den davon abhängigen Tugenden*[147] habe zugenommen.

Vom Prinzip der Konkurrenz weicht Mill jedoch nicht ab. Die Konkurrenz sei ein Mittel gegen die natürliche Trägheit des Menschen. *Die*

Konkurrenz mag vielleicht nicht der beste Stimulus sein, aber gegenwärtig ist sie ein notwendiger, und niemand kann den Zeitpunkt voraussehen, wo sie für den Fortschritt entbehrlich wird.[148] Zwar seien die ethisch fundierten Einwände der Sozialisten nicht grundlos: Die Sozialisten sehen die Konkurrenz als eine Ursache für Eifersucht und Feindschaft. Doch: *wenn die Konkurrenz auch Übel mit sich bringt, so beugt sie doch größeren Übeln vor*[149]. So endet das 7. Kapitel mit der zentralen Aussage: *Der Schutz gegen Konkurrenz bedeutet soviel wie Schutz der Trägheit und geistige Stumpfheit, soviel wie eine Enthebung von der Notwendigkeit, ebenso tätig und intelligent zu sein wie andere Leute.*[150]

Mills Revision von Sozialismus und klassischer Ökonomie betrifft auch die Rolle des Staates, ein Grundproblem jeder Wirtschaftstheorie. Die Klassiker Smith und Ricardo hatten jede staatliche Einmischung in die individuelle Freiheit des einzelnen verworfen. Grundlage dieser Auffassung war der Glaube an die Selbstregulierungskräfte des Marktes. Mill dagegen sah die sozialen Konflikte seiner Zeit: Daher war er in der Frage nach der Rolle des Staates nicht ganz eindeutig. A priori ist er Gegner jeder autoritären Form von Regierungseingriffen, da sie gegen die freie Konkurrenz verstößt. An diesem «Non-Interventionsprinzip» des Staates hält Mill formal stets fest, auch wenn er Ausnahmen zuläßt. Andererseits war er Utilitarist und neigte zur Befürwortung staatlicher Interventionen zur Erreichung des Ziels des größten Glücks der größten Zahl. Dies betrifft vor allem die Umverteilung des Reichtums. Im V. und letzten Buch seiner *Principles* mit dem Titel *Vom Einfluß der Regierung* widmet sich Mill ganz dem Problem Laissez-faire contra Einflußnahme der Regierung.

Mill untersucht die Folgen von Staatseingriffen zum einen auf allgemeiner, zum anderen auf wirtschaftlicher Ebene. In den Wirtschaftsprozeß soll sich der Staat nicht einmischen. Nur der Handel falle grundsätzlich in die Sphäre des Staates, da er immer die Interessen anderer mitbetreffe: *Handel wiederum ist ein sozialer Akt. Wer immer es unternimmt, dem Publikum irgendeine Art von Waren zu verkaufen, der tut etwas, was die Interessen anderer Leute und der Gesellschaft im allgemeinen betrifft; und somit fällt sein Verhalten im Prinzip unter die Jurisdiktion der Gesellschaft.*[151] Früher, sagt Mill, habe man daraus sogar die Pflicht der Regierung abgeleitet, Preise festzusetzen und die handwerkliche Produktion zu regulieren. Heute hingegen habe man erkannt, *daß sowohl für die Billigkeit wie für die gute Qualität der Waren am wirkungsvollsten dadurch gesorgt wird, daß man den Erzeugern und Verkäufern vollständige Freiheit läßt, unter der einzigen Bedingung der gleichen Freiheit für den Käufer, sich anderswo zu versorgen. Dies ist die sogenannte Freihandels-Lehre.*[152] Auch auf der allgemeinen Ebene gilt: *Laissez-faire sollte die all-*

Kinderarbeit. Holzstich von 1858

gemeine Übung sein, jede Abweichung hiervon ist, wenn sie nicht durch einen großen Vorteil geboten ist, ein sicheres Übel.[153]

Insgesamt finden sich in den *Principles* zwei wesentliche Argumente gegen Eingriffe des Staates.[154] Beide Argumente beruhen auf der liberalistischen Konzeption, daß das Individuum am besten weiß, was ihm nutzt und was ihm schadet. Zum einen seien Staatseingriffe der privaten Initiative stets unterlegen. Sie lenken die Tätigkeit der einzelnen in bestimmte Bahnen, obwohl der Staat es nur selten besser weiß. Staatliche Eingriffe erfordern eine Staatsverwaltung, die aber weniger effizient ist als Tätigkeiten in Privatinitiative: *Man darf auch nicht vergessen, daß selbst wenn eine Regierung besser unterrichtet und befähigter wäre als irgendein einzelnes Individuum in der Nation, sie doch allen Individuen der Nation zusammen genommen nachstehen muß.*[155] Zum anderen erhöhen Staatseingriffe die Macht des Staates und führen tendenziell zu einer Herrschaft des Despotismus. Mill war gegen jeden Zentralismus. Sein Einwand gegen allumfassende Regierungen war, daß *sechs oder acht in der Hauptstadt wohnhafte und als Minister bekannte Männer beanspruchen, daß die ganze öffentliche Verwaltung des Landes, wenigstens anscheinend, unter ihren Augen erfolge*[156]; diese Überstimmung von lokalen Interessen und Besonderheiten sei jedoch unrealistisch.

Im ersten Kapitel von Buch V der *Principles* unterscheidet Mill notwendige und wahlfreie Aufgaben des Staates.[157] Zu den notwendigen Aufgaben zählt er: Schutz der Person und des Eigentums[158], Schutz gegen Betrug und Gewalt, Schutz der Natur und Umwelt, Kontrolle der Einhaltung von Verträgen (Kaufvertrag, aber auch Ehevertrag), Entscheidung und Verhütung von Streitfällen und Einrichtung einer Infrastruktur. Daneben gibt es noch eine Reihe von weiteren Ausnahmen von der grundsätzlichen Regel des Laisser-faire. Diese Ausnahmen sind Erziehung, die Fürsorge für Kinder und Kranke, geplante Kolonisation, Armenunterstützung, einige öffentliche Güter (etwa die Wasserversorgung) und die Regulierung der Arbeitszeit. Die ersten beiden Ausnahmen, die Mill am meisten interessierten, rechtfertigte er mit dem Argument, daß Kinder keine kompetenten Urteile fällen können. *Der Ungebildete kann kein kompetenter Richter über Bildung sein.*[159] Eine Gesellschaft muß für ihre eigene Zukunft sorgen; daher soll der Staat die Eltern zwingen, ihre Kinder in die von ihm finanzierte Schule zu schicken, nicht zuletzt deshalb, weil Erziehung und Bildung für Mill die wichtigsten Bedingungen für eine demokratische Staatsform sind. Diese Forderung war sehr fortschrittlich: Vor 1870 existierte in Großbritannien kein staatliches Grundschulsystem, und erst 1902 wurde eine staatliche Mittelschulbildung eingeführt. Allerdings solle sich die Regierung auf die Finanzierung beschränken und nicht über die Art des Unterrichts bestimmen.

Der Sozialphilosoph: Die Verteidigung der Freiheit (1848–1859)

1848 wurden Mill und Harriet fast gleichzeitig krank. Harriet Taylor begann unter chronischen Kopfschmerzen zu leiden. Mill war im Sommer im Hyde Park über einen herumliegenden Stein gefallen und hatte sich die Hüfte verletzt. Die ärztliche Behandlung verursachte zusätzlich Sehstörungen.

Ende dieses Jahres schrieb Mill eine Antwort auf Lord Broughams Angriff auf die Französische Revolution von 1848. In der Folge diskutierten Harriet und er viel über Änderungen für die neuen Auflagen der *Principles*, die rasch aufeinander folgten.

Am 3. Mai 1849 starb Harriets Vater. Harriet fuhr sofort nach London. Dort fand sie ihren Mann John Taylor todkrank: Er starb am 18. Juli an Krebs. Harriet pflegte ihn die letzten zwei Monate seines Lebens. Vermutlich hat Mill aus Gründen der Diskretion nicht an seinem Begräbnis teilgenommen. John Taylor hinterließ seiner Frau eine lebenslange Rente aus seinem Vermögen.

Trotz seiner Erfolge als Autor verstärkte sich Mills Gefühl der intellektuellen Unterlegenheit gegenüber Harriet Taylor. Er engagiert sich nun zunehmend in Artikeln zu sozialen Fragen und schreibt ihre Entstehung der gemeinsamen Arbeit mit Harriet zu. 1851, zwei Jahre nach dem Tod ihres Mannes, heiraten Mill und Harriet. In einer schriftlichen Erklärung verzichtet Mill auf alle ehelichen Privilegien durch das englische Eherecht, das damals die Frauen stark benachteiligte: *[...] ich verwerfe und kündige uneingeschränkt jeden Anspruch, kraft einer solchen Eheschließung irgendwelche Rechte erlangt zu haben.*[160] Die Heirat führte zu einer erneuten Entfremdung beider von ihren Familien, die sich zuvor an die nun schon zwanzigjährige freundschaftliche Bindung gewöhnt hatten. Seiner Mutter und seinen beiden unverheirateten Schwestern Clara und Harriet vergab Mill nie, daß sie nach Verkündung der Heiratsabsicht Harriet Taylor, die sie noch immer nicht kannten, nicht gleich einen Besuch abstatteten. Die Hochzeit fand am Ostermontag, dem 21. April 1851, in Melcombe Regis nahe Weymouth statt, wo niemand sie kannte. Trauzeugen waren Harriets Kinder Algernon und Helen, sonst waren keine Gäste anwesend. Trotz ihrer Vorsichtsmaßnahmen sprach sich die Heirat schnell herum: Eine Nachricht in der «Times» tat das übrige. Ein Besuch von Mills Mutter und seiner Schwester verlief äußerst kühl, was wohl vor allem Mill zuzuschreiben war.[161]

Am 15. Juni 1854 starb Mills Mutter. Mill hatte sie noch kurz vor ihrem Tod besucht, war aber geneigt, das ihm zufallende Erbe von rund 500 Pfund abzulehnen. Erst von Harriet ließ er sich zur Annahme überreden.

Mill verehrte Harriet beinahe wie eine Göttin. Er liebte und war glücklich darüber, daß er wiedergeliebt wurde. Sie führten eine geradezu symbiotische Beziehung: *Meine Frau und ich sind eins.*[162] In vieler Hinsicht dürfte die Vater-Sohn-Beziehung und die auf Leistung ausgerichtete Erziehung der Schlüssel zum Verständnis dieser Bindung sein. Mill gehorchte seiner Frau in beängstigender Weise: *Ich möchte, daß mein Engel mir sagt, was der nächste zu schreibende Essay sein soll. Ich habe alles getan, was ich konnte für das Thema, das sie mir zuletzt gab.*[163] Seine Abhängigkeit zeigte sich in immer wiederkehrenden Ängsten, daß ihn Harriet nicht mehr lieben könne, da er ihr so unterlegen sei: *Oh Darling, ich hatte kürzlich einen schrecklichen Traum – ich bin zu ihr zurückgekommen, und sie war zuerst süß und herzlich wie sie selbst, aber dann wechselte sie zu einer völligen Abneigung und sagte, daß ich mich zum Schlechten verändert hätte. Ich habe schreckliche Angst, daß sie so denkt – nicht weil ich irgendeinen Grund dafür sehe, sondern weil ich weiß, wie unzureichend ich in Selbstbewußtsein und Selbsteinschätzung bin und wie oft sie enttäuscht ist, wenn sie mich auch nach einer nur kurzen Zeit fern von ihr wiedersieht.*[164] Mill konnte sich nicht vorstellen, daß es Liebe auch unabhängig von Leistung geben kann.

Mill und Harriet lebten ab September 1851 in Blackheath Park, etwa sieben bis acht Meilen außerhalb Londons. Sie liebten die Abgeschiedenheit, gingen nur selten aus und bezahlten eine recht hohe Miete von 150 Pfund jährlich. Sie waren glücklich in ihrem weitläufigen Haus, lebten mit Harriets Tochter Helen, ihrem Sohn Haji und einer weißen Persianerkatze namens Placidia. Sie hatten eine Köchin namens Kate und einen Aushilfsgärtner. Harriet führte den Haushalt, kümmerte sich um die geschäftlichen Angelegenheiten und erledigte Korrespondenz für Mill. Ihr älterer Sohn Herbert blieb in der Stadt und arbeitete in dem Geschäft seines Vaters. Täglich kurz nach neun Uhr verließ Mill das Haus zur Arbeit in der Ostindischen Handels-Companie, um achtzehn Uhr kehrte er zurück und spielte dann oft auf dem Flügel, wobei er am liebsten leidenschaftlich improvisierte. Auf die Frage Harriets, was er darstellen wolle, antwortete er einmal, es handele sich um Stürme, Schlachtfelder und Triumphzüge. Den Abend verbrachte er mit Lesen,

East India House in Leadenhall Street, London.
Zeichnung von Thomas H. Shepherd

Spaziergängen, Musik oder einem Schachspiel mit Haji. Sonntags unternahmen sie Ausflüge in die Umgebung, bei denen Mill seine Botanik-Ausrüstung mitnahm. Das Wochenende war auch die Zeit der seltenen Besuche. Einer der häufigsten Besucher war William Johnson Fox.

1853 erkrankte Mill erneut: Er hustete, litt unter blutigem Auswurf und fieberte nachts schweißgebadet. Der Verdacht lautete auf Tuberkulose, die damals als unheilbar galt. Als einzige Behandlungsmethode wurde der Aufenthalt in südlichen Gefilden angesehen. So reisten Mill und Harriet für die letzten drei Monate 1853 nach Südfrankreich. Mill beginnt mit dem Schreiben seiner Autobiographie.

In Nizza erleidet Harriet einen lebensgefährlichen Blutsturz. Sie hat sich noch nicht erholt, als Mill im Januar 1854 zu seiner Arbeit zurückkehren muß. Er reist allein. Doch in England fühlte er sich recht einsam. Am 8. Januar beginnt er eine Art Tagebuch, in dem er täglich wenigstens einen Gedanken notieren will, der dies wert ist.[165] Im März wird Mill eröffnet, daß er tatsächlich an Tuberkulose leidet. Er hatte sich offenbar bei seinem Vater angesteckt. Mill versucht zunächst, diese Nachricht vor Harriet zu verbergen, die er infiziert hat. Im April 1854 kehrt sie nach England zurück.

Beide sahen, daß ihre Zeit begrenzt war: *Wir müssen das Beste, was wir zu sagen haben, zu Ende bringen, und nicht nur das, sondern es auch veröffentlichen, solange wir leben. Ich sehe nicht, […] wer aus unserer schwachen Generation, die gerade heranwächst, fähig sein wird, Deine Ideen gründlich zu beherrschen und aufzunehmen, […] – daher müssen wir sie schreiben und drucken, und dann können sie warten, bis wieder Denker da sein werden.*[166] Und in sein Tagebuch schrieb Mill: *31. März. Neben dem körperlichen Schmerz und dem Kummer über den Kummer derer, die uns lieben, ist die unangenehmste Sache beim Sterben seine unerträgliche ennui. Es sollte keine langsamen Tode geben.*[167]

Im gleichen Maße, wie sich seine Gesundheit verschlechterte, wurde Mill von einem Produktionsfieber erfaßt. Er schrieb weniger Artikel für Zeitschriften und konzentrierte sich auf Bücher. Mit Harriet zusammen entwarf er eine Liste von Themen, über die er noch Bücher schreiben wollte. So wurden alle folgenden Veröffentlichungen skizziert. Mill schrieb drei *Essays über Religion* und beendete 1856 den ersten Entwurf seiner *Autobiographie*, die ihr ganzes geistiges und intellektuelles Leben wiedergeben sollte.

Im Juni 1854 verschlechterte sich Mills Zustand weiter. Er verlor immer mehr Gewicht, seine Arbeit bei der Ostindischen Handels-Companie war gefährdet. Mill fuhr zur Erholung nach Frankreich. Er blieb sieben Wochen, nahm drei Kilo zu und brachte die Tuberkulose tatsächlich zum Stillstand. Doch schon am 8. Dezember trat er eine weitere Reise durch Südeuropa an. Sein Arzt hatte ihn für acht Monate krank geschrieben. Wieder mußte er ohne Harriet reisen, deren Zustand sich verschlimmert hatte. Er fährt über Montpellier und Avignon nach Rom, Neapel und Sizilien. Am 6. April 1855 erreicht er Griechenland. Am 22. Juni ist er zurück in England. Im Juli fährt er mit Harriet, Haji und Helen für einige Wochen in die Schweiz.

Im Herbst 1856 begann Helen Taylor unter dem Namen «Miss Trevor» eine Ausbildung bei der Schauspielerin Fanny Stirling. Die seit jeher theaterbegeisterte Helen hatte eigene Stücke geschrieben, Schillers «Maria Stuart» übersetzt und kannte viele Passagen berühmter Dramen auswendig. Nun schloß sie sich einer Provinz-Theatergruppe an, die Tragödien in den Theatern von Schottland und Newcastle aufführte. Beinahe täglich wechselte sie Briefe mit ihrer Mutter. Ihre Theaterkarriere dauerte jedoch nur zwei Jahre, bis zu Harriets Tod.

1854 hatte Mill eine Gehaltserhöhung von 200 Pfund erhalten. Nachdem seine beiden Vorgesetzten in den Ruhestand gegangen waren, wurde er am 28. März 1856 Chef des Examiner's Office, wo er für die gesamte Korrespondenz mit Indien verantwortlich war. Dies entsprach der Verantwortlichkeit eines Staatssekretärs. Sein Einkommen betrug 2000

John Stuart Mill mit seiner Stieftochter Helen Taylor

Pfund jährlich. 1857 führte ein Aufstand in Indien zur Auflösung der Ostindischen Handels-Companie. Die Aufsicht über die Kolonie sollte künftig ein Staatssekretär übernehmen. Mill nutzte im Herbst 1858 seine Chance zum ehrenvollen Abschied: Er wollte sich künftig ganz Harriet und den gemeinsamen Projekten widmen. Selbst einen Sitz im Beraterausschuß des Staatssekretärs lehnte er ab. Mit einem silbernen Tintenfaß und einer Pension von 1500 Pfund wurde er verabschiedet.

Am 11. Oktober 1858 reisen Mill und Harriet in den Süden Frankreichs. Doch statt sich zu bessern, verschlechtert sich Harriets Zustand, und sie stirbt nach nur achtjähriger Ehe am 3. November 1858 im Hôtel de l'Europe in Avignon. Einen vollen Tag lang hält Mill Totenwache. Dem Arzt Dr. Cecil Guerney, der aus Nizza angereist war, um Harriet zu helfen, doch zu spät kam, gibt er 1000 Pfund. Der Armenkasse von Avignon läßt er 1000 Francs zukommen. Er ist in tiefer Trauer: *Es ist zweifelhaft, ob ich noch jemals für irgend etwas tauglich sein werde, öffentlich oder privat. Die Triebfeder meines Lebens ist gebrochen. Aber ich sollte am besten ihre Wünsche erfüllen, indem ich den Versuch nicht aufgebe, etwas Nützliches zu tun.*[168] Harriet wird auf dem Friedhof von St. Véran beerdigt, einem kleinen Städtchen etwa anderthalb Kilometer südwestlich von Avignon.

Nur einige hundert Meter vom Friedhof entfernt entdeckt Mill ein kleines weißes Haus mit dem Namen «Hermitage de Monloisier», das als Wochenendhaus genutzt wurde. Die oberen Fenster überblicken den Friedhof. Drei Wochen später schließt Mill den Kaufvertrag. *Sie ist begraben auf dem Friedhof der Stadt Avignon [genauer: St. Véran] und mit ihr all unser irdisches Glück. […] Wir haben ein kleines Haus mit Garten nahe dem Friedhof gekauft, wohin wir im Frühjahr gehen, und beabsichtigen, viel von unserer Zeit hier zu verbringen, bis die Stunde kommt, da wir an ihrer Seite begraben werden.*[169] Mill stattet das Haus mit Möbeln aus dem Hôtel de l'Europe aus. Fortan verbringt er etwa die Hälfte des Jahres in Avignon.

Sehr schnell begab sich Mill an die mit Harriet geplanten Veröffentlichungen, mit denen er zugleich seine Trauer betäubte. *Ihr Andenken ist für mich eine Religion und ihre Billigung der Maßstab, der alles Wertvolle aufsummiert und durch den ich mein Leben zu regeln suche.*[170] Schon seit anderthalb Jahren war das Manuskript *Über Freiheit* fertig, dessen Wurzel Harriets Essay «Toleration» war. Zwei Fassungen waren geschrieben, jeder Satz von beiden abgewogen worden. Als der Essay nun erscheint, schreibt Mill in der überschwenglichen Widmung seiner Frau den größeren Anteil an den Grundgedanken seiner berühmtesten Schrift zu. Doch ist die Qualität ihres Beitrags heute umstritten.[171]

Mills Bewunderung für Harriet kennt noch immer kaum Grenzen. Auf ihrem Grab läßt er einen Stein aus feinstem Carrara-Marmor mit einer langen schwärmerischen Widmung aufstellen. All diese Worte aus der Trauer um eine Frau werden von einem Mann geschrieben, der zunächst unfähig zu tiefen Gefühlen war und sie dann übersteigerte. Vielleicht ist in der Preisung Harriets intellektueller Fähigkeiten auch eine Rationali-

Blick auf Mills Haus in St. Véran

sierung Mills eigener Liebe enthalten, die er auf diese Weise erklären will. Zur *Logik* hatte sie wohl wenig beizutragen gehabt, zur *Politischen Ökonomie* vor allem das Kapitel über die Zukunft der arbeitenden Klassen.

Im Winter 1858/59 macht sich Mill an die Schlußüberarbeitung des Freiheits-Essays. Das Ergebnis ist sein literarisch und stilistisch bestes und bis heute berühmtestes Buch. Es ist geprägt von der Erfahrung der gesellschaftlichen Ächtung seiner Beziehung zu Harriet, aber auch von der Erziehung durch seinen Vater. *Mein eigenes Motiv des Schreibens war der Wunsch, Sympathie zu erklären und anzuregen für das, was ich für den höchsten aller Gründe halte, […] Freiheit.*[172] Das Buch erscheint im Februar 1859, im selben Jahr wie Charles Darwins Schrift «Über den Ursprung der Arten». Es wird viel gelesen und – durchaus kontrovers – diskutiert.

Das Grundproblem, das Mill behandelt, ist der Konflikt zwischen individueller Freiheit und Gemeinschaft. Der Mensch kann nur in der Gemeinschaft leben. Die Gemeinschaft und ihre Ordnung sind ein Netzwerk der Interdependenzen zwischen den Menschen. Dieses Geflecht wird ständig neu durch die Handlungen der einzelnen hervorgebracht. Jeder versucht durch seine individuelle Handlung, sein Wohlergehen zu fördern, wirkt aber gleichzeitig auf die Handlungen anderer ein. Somit berührt die Freiheit jedes einzelnen die Freiheit anderer einzelner. Damit stellt sich die Frage nach den Grenzen der individuellen Freiheit. Oder anders gesagt, nach dem Verhältnis von Freiheit und Ordnung.

Mill möchte das Freiheitsproblem lösen wie vor ihm Bentham das Moralproblem: anhand eines möglichst einfachen und eindeutigen Prinzips. Für dieses Prinzip beansprucht Mill wiederum keine Originalität. Mill schlägt sich in seinem Essay ganz auf die Seite des Individuums. Er behandelt vorrangig die Gefährdungen der individuellen Freiheit durch die Gesellschaft. Die Freiheit könne nur gerettet werden durch den Mut zur Individualität. Noch stärker als in der Ethik oder in der Erkenntnistheorie wird in *Über Freiheit* die pädagogische Wurzel von Mills Denken deutlich. Dieser Zug Mills wurde durch die Lektüre der Werke Wilhelm von Humboldts gefördert. *Über Freiheit* ist denn auch ein Zitat Humboldts vorangestellt. Am wichtigsten für Mill war die Humboldtsche Frühschrift «Ideen zu einem Versuch, die Grenzen der Wirksamkeit des Staates zu bestimmen» (1792). Darin vertritt Humboldt einen persönlichkeitsbetonten Individualismus und versucht davon ausgehend, einen idealtypischen Staat ohne jede Rücksicht auf Realitäten zu konstruieren. Humboldt gilt als einer der markantesten Vertreter des Humanitätsideals, also des Ideals eines universalen Menschen, der die höchste Stufe umfassender Bildung repräsentiert, die im Sinne vollständiger, harmonischer Persönlichkeitsentwicklung verstanden wird. Dafür gebe es zwei Voraussetzungen: «Freiheit» und «Mannigfaltigkeit der Situationen»[173]. Der höchste Wert neben der «Bildung» ist für Humboldt also die Freiheit. Er versteht unter Freiheit die «Möglichkeit einer unbestimmt mannigfaltigen Tätigkeit»[174]. Humboldt sieht in ihr zugleich die beste Erziehungsmethode. Indem das Individuum auftretende Schwierigkeiten selbst überwinden muß, entwickelt es Stärke und Geschicklichkeit. Der Staat hat lediglich die Aufgabe, für Sicherheit zu sorgen. Mills Loblied

Wilhelm von Humboldt (1767–1835). Zeichnung von Johann Joseph Schmeller

des exzentrischen Menschen geht auf den Originalitätsgedanken Humboldts zurück.

Der zweite große Einfluß auf Mills *Über Freiheit* geht von Alexis de Tocqueville aus. Tocqueville hatte den Konflikt zwischen Demokratie und Liberalismus vor Mill am tiefsten durchdacht. Mill beschäftigte sich in zwei langen Rezensionen 1835 und 1840 mit den beiden Teilen von Tocquevilles «Über die Demokratie in Amerika» (1835 und 1840), die er in höchsten Tönen lobte. Er hatte Tocqueville 1835 bei dessen Besuch in England getroffen. Die beiden Denker begannen, miteinander zu korrespondieren. Von Tocqueville übernimmt Mill die Befürchtung einer zunehmenden Uniformität der Gesellschaft. Tocqueville warnt davor, daß Gleichheit ohne das Freiheitsprinzip zwangsläufig zu einer Katastrophe und zum Untergang der menschlichen Gesellschaft führt. Ein Kapitel seines Buches trägt den Titel: «Weshalb die demokratischen Völker die Gleichheit leidenschaftlicher und beharrlicher lieben als die Freiheit» [175].

Alexis de Tocqueville
(1805–1859)

Tocquevilles Antwort: Die Gleichheit ist den Menschen verständlicher und für sie greifbarer. Politische Freiheit erfordert Anstrengungen, sie muß mit Opfern erkauft werden. Die Gleichheit ist dagegen jedem spürbar und zugänglich, ihre Vorteile bieten sich von selbst und direkt dar. Um die Gleichheit zu verlieren, muß die Gesellschaftsordnung verändert werden; um die Freiheit zu verlieren, «genügt es, sie nicht festzuhalten» [176]. Tocquevilles Werk schließt daher mit einer Betonung des Wertes der Freiheit: «Ich hätte, denke ich, die Freiheit in allen Zeiten geliebt; in der heutigen Zeit aber neige ich dazu, sie zu vergöttern.» [177]

Auch Mills Essay ist aus Sorge um die Freiheit geschrieben. Sein Thema ist nicht das philosophische Problem der Willensfreiheit, sondern *die bürgerliche oder soziale Freiheit: die Natur und die Grenzen der Macht, die die Gesellschaft rechtmäßig über das Individuum ausüben kann* [178]. Die sogenannten bürgerlichen oder individuellen Freiheiten (wie Gewissens-,

Meinungs-, Diskussions-, Handlungs- und Assoziationsfreiheit) sollen zunächst vom Standpunkt der utilitaristischen Ethik eingeführt und gerechtfertigt werden. Danach muß die Freiheit des Individuums laut Mill sowohl vor dem *Terror der öffentlichen Meinung* als auch vor der *Tyrannei der Mehrheit* (politischer oder nichtpolitischer Natur) geschützt werden.

Für Mill kann Freiheit nur eine individuelle Freiheit sein, dies sei *die eigentliche Region menschlicher Freiheit*[179]. Grundlegend für seinen Freiheitsbegriff ist die Freiheit oder Unverletzlichkeit der Person. Die Freiheit des einzelnen darf nur so weit gehen, als anderen kein Schaden zugefügt wird. Innerhalb dieser Grenze gibt es für Mill drei wesentliche Bereiche der Freiheit:

– Die innere Freiheit des Bewußtseins. Sie umfaßt *Gewissensfreiheit im umfassendsten Sinne […], Freiheit des Denkens und Fühlens, absolute Freiheit der Meinung und des Empfindens in bezug auf alle praktischen oder spekulativen, wissenschaftlichen, moralischen oder theologischen Gegenstände*[180]. Dieser Bereich beinhaltet auch die Freiheit der Äußerung und Veröffentlichung von Meinungen.

– Die äußere Freiheit des Handelns. Dieser Bereich umfaßt *Freiheit der Neigung und der Beschäftigung, die Freiheit, unserem Leben einen unserem eigenen Charakter gemäßen Rahmen zu geben, die Freiheit, so zu handeln, wie es uns gefällt, welche Konsequenzen daraus auch folgen mögen: ohne Behinderung von seiten unserer Mitmenschen, solange unser Tun ihnen nicht schadet, selbst wenn sie unser Verhalten als töricht, verkehrt oder unrecht betrachten*[181]. Mill meint die Freiheit der Handlung, also die ungehinderte Entfaltung des Strebens aller einzelnen nach Glück. (Dazu zählt auch die Freiheit der wirtschaftlichen Bewegung, zum Beispiel Gewerbefreiheit, Freizügigkeit, Freiheit der wirtschaftlichen Initiative, Konkurrenzfreiheit und Eigentumsfreiheit; er übergeht diese Art der Freiheit in seiner Schrift, wohl vor allem deshalb, weil er an anderen Stellen – besonders in den *Prinzipien* – davon spricht.)

– Die Assoziationsfreiheit. Diesen Bereich definiert Mill als *Freiheit, sich für irgendeine Sache zu vereinigen, die nicht eine Schädigung anderer einschließt, unter der Voraussetzung, daß die sich vereinigenden Personen volljährig und nicht gezwungen noch getäuscht worden sind*[182]. Mill faßt dies als eigenen Bereich, vermutlich wegen seines reformerischen Anliegens in bezug auf Arbeiterassoziationen. Im Grunde bildet die Assoziationsfreiheit jedoch einen Unterpunkt der Handlungsfreiheit.

Stellenweise plädiert Mill leidenschaftlich für die freie Entfaltung des Individuums, für gesellschaftlichen Pluralismus, ja persönliche Exzentrizität und gegen gedankenlose soziale Anpassung, Tendenzen der Vermassung und Nivellierung der Menschen. Seine Begründung der Freiheit basiert jedoch auf ihrem gesellschaftlichen, die Wohlfahrt steigernden

Nutzen. *Ich betrachte Nützlichkeit als das letzte Kriterium in allen ethischen Fragen; aber es muß Nützlichkeit im weitesten Sinne sein, gegründet auf die dauernden Interessen des Menschen als eines fortschreitenden Wesens.*[183]

Im zweiten Kapitel verteidigt Mill die Freiheit von Denken und Diskussion. Es ist nicht ohne Grund das längste des Buches. Für Mill ist Freiheit zentral Meinungsfreiheit, die er umfassend versteht: nicht nur Freiheit der Meinungsäußerung, sondern auch die Freiheit des einzelnen, entsprechend dieser Überzeugungen zu leben und zu handeln. Die Meinungsfreiheit ist entscheidend für das geistige Wohlergehen der Menschen, von dem auch ihr sonstiges Wohlergehen abhängt. Im einzelnen nennt Mill vier Gründe für die Nützlichkeit der Meinungsfreiheit.[184] Sie basieren auf der Sicht des Menschen als fehlbares Wesen, weshalb endgültige Wahrheiten nicht möglich sind. Die ersten beiden Argumente sind reine Nützlichkeitsüberlegungen, die folgenden beiden Argumente (zum dritten Fall) enthalten zumindest einen zusätzlichen moralischen Aspekt. Mill unterscheidet drei Möglichkeiten der Richtigkeit der unterdrückten Meinung:

1. Die unterdrückte Meinung kann möglicherweise richtig sein. Ansonsten muß der Meinungsunterdrücker seine eigene Unfehlbarkeit behaupten.

2. Die unterdrückte Meinung kann zwar falsch sein, aber einen wahren Kern enthalten. Dieser Kern kann nur durch die Auseinandersetzung mit anderen, ebenfalls nicht absolut wahren Meinungen herausgeschält werden.

3. Die unterdrückte Meinung ist absolut falsch. Dazu nennt Mill zwei Argumente, die jedoch stark ineinander übergehen: Ohne andere Meinung werden die meisten Vertreter der richtigen Meinung diese nur als ein *Vorurteil*[185] haben, *mit geringem Verständnis oder Gefühl für ihre vernünftigen Gründe*[186]. Außerdem gerät der Sinn der Lehre selbst in Gefahr, geht verloren oder wird geschwächt, da er seiner lebendigen Wirkung beraubt wird.[187] Der Grund: Auch eine absolut richtige Meinung erstarrt zum Dogma, wenn sie nicht mehr mit anderen Meinungen konfrontiert wird und sich neu begründen muß.

Nach der Begründung der Gedanken- und Diskussionsfreiheit verteidigt Mill im dritten Kapitel die Handlungsfreiheit. Für sie findet er negative und positive Argumente. Negativ versucht er zu beweisen, daß das Gegenteil – der Paternalismus – falsch ist. Mill argumentiert, der einzelne könne im allgemeinen selbst am ehesten beurteilen, was für ihn am besten ist. Aus zwei Gründen: Zum einen weiß der einzelne mehr über seine Bedürfnisse als andere, zum anderen sorgt sich der einzelne mehr um seine Bedürfnisse als andere.

Mill nennt auch zwei positive Argumente:

ON

LIBERTY

BY

JOHN STUART MILL.

LONDON:
JOHN W. PARKER AND SON, WEST STRAND.
M.DCCC.LIX.

Titelseite von Mills Schrift
«Über Freiheit», 1859

a) Die Freiheit des Handelns ist notwendig für die Ausbildung der Individualität. *Wer etwas tut, weil es so der Brauch ist, fällt keine Entscheidung. Er gewinnt keine Übung, weder im Erkennen noch im Erstreben des Besten. Die geistigen und moralischen Kräfte werden wie Muskelkräfte nur durch ihre Benutzung vervollkommnet.*[188]

b) Individualität ist ein eigenständiger Wert und bedarf keiner weiteren Rechtfertigung. Mill verficht damit ein optimistisches Menschenbild: Der Mensch ist gut und wird seine Individualität in der richtigen Richtung entfalten. Mill betont den Unterschied zur pessimistischen Auffassung des Calvinismus.[189]

Die Begründung der Handlungsfreiheit folgt daraus, daß sie eine Voraussetzung zur Entwicklung der eigenen Individualität ist. Darunter versteht Mill vor allem die Entwicklung der Vernunft. Die Entwicklung der eigenen Persönlichkeit bedeutet, seine besondere Begabung zu entfalten. Dazu zählen nach Mill *Beobachtungsgabe, Vernunft und Urteilskraft, Unterscheidungsvermögen* und *Festigkeit und Selbstkontrolle, um an seiner wohlabgewogenen Entscheidung festzuhalten*[190]. Nach Mill garantiert nur die Verschiedenheit der Charaktere, die Fähigkeiten und Möglichkeiten autonomer Individuen, Kreativität und somit langfristig den Fortschritt der Menschen.

Die dargebotenen Begründungen reichen aber noch nicht aus. Mill muß noch ein größeres Problem lösen: die möglicherweise auftretenden Widersprüche zwischen individueller Freiheit und sozialer Nützlichkeit, also das Paternalismusproblem. Es können Handlungen existieren, die utilitaristisch gesehen die Möglichkeit zum Eingreifen der Gesellschaft geben, weil ein solcher Eingriff das Glück der größten Zahl fördern würde. Aber auch in diesem Fall lehnt Mill einen Eingriff ab, selbst wenn er das Glück einer einzelnen Person mehren würde, ohne daß eine andere Person schlechter gestellt würde. Mill diskutiert paternalistische Eingriffe in die Meinungsfreiheit im Zusammenhang mit der Meinungs- und Pressefreiheit[191] und stellt ein neues Prinzip auf, das zwar nicht ausdrücklich genannt wird, aber als Trachten-nach-Wahrheit-Prinzip (pursuit-of-truth-principle) bezeichnet worden ist. Der Hintergrund: Es wäre denkbar, Meinungsfreiheit und Meinungsäußerungsfreiheit (oder Pressefreiheit) zu unterscheiden. Eine verbreitete Meinung könnte dem Nutzen der Gesellschaft widersprechen, und man könnte argumentieren, daß sie untersagt werden sollte. Doch für Mill sind Meinungsfreiheit und Meinungsäußerungsfreiheit untrennbar verbunden, da eine Meinung, die nicht verbreitet werden darf, die Freiheit des einzelnen beschränkt. Die Gesellschaft darf niemanden daran hindern, eine Wahrheit zu suchen und zu verkünden, auch wenn diese der Gesellschaft schaden sollte.

Noch genauer argumentiert Mill gegen den Paternalismus als Eingriff in die Handlungsfreiheit. Seine Gegenargumente:

a) Der Paternalismus funktioniert nicht. Dies ergibt sich aus Mills Argumenten für die Individualität und ihrer Rolle für den Fortschritt.

b) Das vom Paternalismus möglicherweise geschaffene Gute wird von dem durch ihn verursachten Schaden übertroffen. Selbst wenn durch Eingriffe in den Bereich des Individuums in Einzelfällen Gutes getan werden kann, so würde man doch unvermeidlicherweise auch geniale schöpferische Einfälle behindern.

Nach der Begründung der Freiheit begibt sich Mill an ihre Verteidigung. In der Vergangenheit, so Mill, wurde der Kampf für individuelle Freiheit gegen tyrannische Regierungen ausgefochten. Dieser Kampf wurde mit der Etablierung der Demokratie gewonnen: Die Regierung war dem Volk verantwortlich und konnte von ihm abgesetzt werden. Aber nun droht eine neue Gefahr, *die Tyrannei der Mehrheit*. Mill spricht auch von der *sozialen Tyrannei* oder der *Tyrannei der vorherrschenden Meinung und des vorherrschenden Gefühls*[192]. Die neuen Herrscher sind die Mehrheit und die Regierung. Die Regierung ist nicht allein dem sie wählenden Volk untergeordnet, sondern Quelle einer eigenen Macht. Die individuelle Freiheit ist also von zwei Seiten bedroht: von repressiven Gesetzen und vom Gebrauch außerlegaler Mittel, um die herrschenden Meinungen und Praktiken jedem aufzuzwingen. Dabei ist der außergesetzliche Zwang durch die Tyrannei der Mehrheit weitaus durchdringender: *Denn wenn sie sich auch gewöhnlich nicht auf so extreme Strafen stützt wie diese [die Arten politischer Unterdrückung], so bietet sie doch weniger Möglichkeiten, ihr zu entgehen, und dringt viel tiefer in die Details des Lebens ein, die Seele selbst versklavend.*[193] Mill verteidigt den Entfaltungsspielraum des Individuums gegen die *Tyrannei der vorherrschenden Meinung und des vorherrschenden Gefühls*[194] und andere soziale Konformitätszwänge, gleich ob diese «staatlich» sind oder nicht. Es geht also um die richtige Abgrenzung zwischen der individuellen Unabhängigkeit und der sozialen Kontrolle.

Mills wichtigstes Anliegen ist die Verteidigung der Freiheit gegen die *Tyrannei der Mehrheit*. Von Tocqueville hatte er gelernt, daß diese nivellierenden Tendenzen in der Demokratie – Mills favorisierter Regierungsform – besonders stark sind. Mills Stellung zur Demokratie ist gespalten: Einerseits glaubt er an die Demokratie und ihre Vorzüge, andererseits sieht er die Bedrohung des einzelnen in der Demokratie durch den Drang zur Gleichheit. Bedroht wird die geistige Freiheit des einzelnen, eine Freiheit, die im klassisch-liberalen Sinne verstanden wird als die Abwesenheit jeglicher Einschränkung und jeglichen Zwanges durch andere. Selbst in einer demokratischen Staatsverfassung sei das Verhältnis von Herrschenden und Beherrschten wie folgt: *Das «Volk», das die Macht ausübt, ist nicht immer dasselbe Volk, über das sie ausgeübt wird, und die «Selbstregierung», von der man spricht, ist nicht die Regierung eines Jeden durch sich selbst, sondern die eines Jeden durch alle Anderen.*[195] Der Wille des Volkes ist also nur der Wille der Mehrheit.

Mills These von der *Tyrannei der Mehrheit* ist ein Kind seiner Zeit. Sie beruht auf drei historischen Entwicklungen: dem viktorianischen Zeitalter, der Tendenz zur gesellschaftlichen Konformität und den sozialen Spannungen des Frühkapitalismus. Das viktorianische Zeitalter zur Zeit Mills war von widersprüchlichen Tendenzen geprägt: Einerseits regierten gesellschaftliche Konventionen und Absolutheitsansprüche der Religion bis in die privatesten Lebensbereiche hinein. Es dominierten gesellschaftliche Normen und Verhaltensregeln: orthodoxes Denken und moralisierende, teilweise mehr als prüde Ansichten über Sitte und Geschlecht. Auf der anderen Seite war der Staat aber fast ohne Einfluß auf private Angelegenheiten. Es gab kaum Steuern, das wirtschaftliche und soziale Leben wurde nicht reguliert. Mills Zeit war auch das goldene Zeitalter des privaten Unternehmertums und des «Laissez-faire».

Königin Viktoria und ihre Familie, 1857

Die Tendenz zur gesellschaftlichen Konformität folgt aus der höher entwickelten Zivilisation, dem industriellen Fortschritt und den größeren Bildungschancen. Früher, in der vorindustriellen Welt, lebten *verschiedene Ränge, verschiedene Nachbarschaften, verschiedene Gewerbe und Berufe in dem, was man verschiedene Welten nennen könnte; jetzt [leben sie] in großem Maße in ein und derselben Welt*[196]. Sogar die beruflichen und regionalen Unterschiede zwischen den Menschen gleichen sich an: *[…] sie lesen heute dieselben Dinge, hören dieselben Dinge, sehen dieselben Dinge, gehen an dieselben Orte, ihre Hoffnungen und Befürchtungen gelten denselben Gegenständen, sie haben dieselben Rechte und Freiheiten und dieselben Mittel, sie geltend zu machen*[197]. Grundlage der Millschen Befürchtung ist (wie auch in der *Logik* zu sehen ist) seine Theorie des Verstandes, die wenig Raum für die Idee der personalen Identität läßt, nämlich eine environmentalistische Theorie. Wenn der Verstand ein bloßer Ort von Empfindungen («sensations») ist, dann werden identische Empfindungen den gleichen Verstand («mind») hervorbringen. Also werden die Menschen auch gleich handeln.

Im folgenden entwirft Mill nun Schutzmaßnahmen für die Individualität. Sein oberstes Ziel ist die Förderung von Individualität. Er bekennt sich nicht nur zur größtmöglichen Sicherung der äußeren politischen Freiheiten des Individuums, sondern plädiert für starke, selbstbewußte, innerlich freie Persönlichkeiten, die dem Druck der öffentlichen Meinung standhalten und sich nivellierenden Tendenzen widersetzen können. *In diesem Zeitalter tut schon das bloße Beispiel von Nonkonformität, die bloße Weigerung, das Knie vor der Gewohnheit zu beugen, einen Dienst. Gerade weil die Tyrannei der öffentlichen Meinung derart groß ist, daß sie die Exzentrizität zu einem Makel macht, ist es wünschenswert, daß Leute, um diese Tyrannei zu brechen, exzentrisch sind.*[198] Denn die Tyrannei der Meinung sucht die geistige Vereinheitlichung. Der Individualist aber hat innerhalb der Gemeinschaft einen schweren Stand, und daher müssen sehr viele Leute exzentrisch sein, um sich in der Gleichmäßigkeit der industriellen Gesellschaft zu bewähren. Dies ist ein elitistisches Argument, wobei Mill den Begriff *Elite*[199] freier benutzt als ein moderner Demokrat.

Die wichtigste Grundlage von Mills Verteidigung der Freiheit ist das Freiheitsprinzip. Es soll die Erhaltung und Entfaltung der Individualität und der Verschiedenheit der Charaktere sichern, indem es die Handlungsbereiche durch *ein sehr einfaches Prinzip*[200] abgrenzt und damit eine Grenze für die sozialen Interventionen von Staat und Gesellschaft setzt. *Dieses Prinzip lautet: Der einzige Zweck, der die Menschen individuell oder kollektiv berechtigt, in die Handlungsfreiheit eines der ihren einzugreifen, ist Selbstschutz. Die einzige Absicht, um deretwillen Macht rechtmäßig über irgendein Mitglied einer zivilisierten Gemeinschaft gegen seinen Willen ausgeübt werden kann, ist die, eine Schädigung anderer zu verhindern. Sein eigenes physisches oder moralisches Wohl ist kein ausreichender Grund. Er kann nicht rechtmäßig gezwungen werden, etwas zu tun oder zu unterlassen, weil es für ihn besser wäre, so zu handeln, weil es ihn glücklicher machen würde, weil so zu handeln nach der Meinung anderer klug oder sogar richtig wäre. Das sind gute Gründe, ihm Vorstellungen zu machen oder ihm vernünftig zuzureden oder ihn zu überreden oder ihn dringend zu bitten, nicht aber, ihn zu zwingen oder ihm Schaden zuzufügen, falls er sich anders verhält. Um das zu rechtfertigen, muß angenommen werden, daß das Verhalten, von dem man ihn abschrecken möchte, einem anderen schaden würde. Der einzige Teil seines Verhaltens, für den ein Mensch der Gesellschaft verantwortlich ist, ist der, der andere berührt. In dem Teil, der nur ihn selbst berührt, ist seine Unabhängigkeit im rechtlichen Sinne absolut. Über sich selbst, über seinen eigenen Körper und Geist, ist das Individuum souverän.*[201]

Mills Grundsatz ist also: *Der Individualität sollte der Teil des Lebens gehören, an dem vornehmlich das Individuum interessiert ist; der Gesellschaft der Teil, der vor allem die Gemeinschaft interessiert.*[202] Als Begründung gibt er an: Jeder, der den Schutz der Gesellschaft genießt, schuldet ihr eine *Gegenleistung (return)* für diese *Wohltat*[203]. Mill gründet die Abgrenzung der Handlungsbereiche auf das Prinzip der «Außenwirkung» oder der «Wirkung auf Dritte». Er unterscheidet zwei *Teile des Lebens*[204], *Bereiche der menschlichen Angelegenheiten*[205] oder *Klassen von Handlungen*[206]. Die erste Klasse beinhaltet Handlungen, die primär selbstbezogen sind, deren Folgen also *die Interessen keines anderen Menschen außer ihm selbst berühren*[207]. Die zweite Klasse umfaßt solche, die primär auf andere bezogen sind. Diese Handlungen stehen außerhalb des Bereiches der Freiheit[208] und unterliegen dem moralischen oder rechtlichen Urteil der Gemeinschaft[209].

Mills zentrales Anliegen ist die Beschränkung des Geltungsbereichs der gesetzlichen Regelung auf diese zweite Klasse von Handlungen. Die Freiheit des Individuums, tun und lassen zu können, was es möchte, soll ihre Grenze lediglich da finden, wo ihre Ausübung die Freiheit und das Glück anderer bedroht. Jeder soll seinen Lebensplan selbst verwirklichen und auch das Risiko des Scheiterns tragen. Mill übersieht nicht, daß auch durch Nicht-Handeln anderen Schaden zugefügt werden kann.

Auffällig ist, daß Mill sein Freiheitsprinzip selbst wieder einschränkt, indem er es sofort an eine qualifizierende Bedingung knüpft: *Es ist vielleicht kaum notwendig zu sagen, daß diese Doktrin nur für menschliche Wesen in der Reife ihrer Fähigkeiten gilt.*[210] Mill schloß damit vor allem Kinder, Invaliden und geistig Behinderte aus sowie barbarische Gesellschaften, in denen die menschliche Gattung selbst als noch unmündig betrachtet werden mußte. Der Grund: *Diejenigen, die noch der Fürsorge anderer bedürfen, müssen vor ihren eigenen Handlungen ebenso wie vor Schaden von außen geschützt werden.*[211] Die Alternative war der Paternalismus, den Mill in diesem Fall für gerechtfertigt hielt.

Allerdings sei der Paternalismus grundsätzlich nur anzuwenden in Fällen, wo die normalen und effektiveren Methoden, Individuen zur Freiheit zu bringen – vor allem Erziehung zur Unabhängigkeit –, nicht anwendbar seien. Bei Kindern etwa sind staatliche Eingriffe in den Bereich der Freiheit erlaubt, zum Beispiel in Form der Schulpflicht.[212] Der Staat muß die unmündigen Individuen erst zur Freiheit mündig machen. Die Mittel sind insbesondere angemessene Bildungsmöglichkeiten und die Entlastung ärmerer Schichten von den Ausbildungskosten. Mill schränkt die Rechte des Staates aber gleich wieder ein: Obwohl für alle Kinder eine Ausbildungspflicht besteht, soll es den Eltern freigestellt sein, in welche Schule sie ihre Kinder schicken und ob sie sie überhaupt in die Schule schicken. Um Indoktrination und Gleichschaltung zu vermeiden, soll der Staat nur einen kleinen Teil der Schulen selbst betreiben. Andererseits soll er allgemeine Prüfungen abhalten, bei denen aber nur das kognitive Wissen und nicht bestimmte moralische oder politische Einstellungen bewertet werden sollen.

Für die Barbaren sieht Mill sogar den Despotismus als eine legitime Regierungsform an: *Despotismus ist eine legitime Regierungsform im Umgang mit Barbaren, sofern er ihre Förderung im Sinn hat und die Mittel durch die tatsächliche Erreichung des Ziels gerechtfertigt werden. Das Prinzip der Freiheit läßt sich nicht anwenden auf irgendeinen Zustand vor der Zeit, da die Menschheit der Vervollkommnung durch Diskussion in Freiheit und Gleichheit fähig geworden ist.*[213] Die Barbarei in Europa sei zwar vorbei, dennoch bleibe *der allgemeine Durchschnitt der Menschen [...] nur von mäßigem Verstande*[214].

Mills Theorie der Freiheit hat zwei praktische Auswirkungen für das soziale Leben. Einerseits befreit sie das Individuum von der Pflicht, das private Tun gegenüber der Allgemeinheit verantworten zu müssen. Andererseits kann sie zu einer weitgehenden Isolierung der Individuen führen. Besonders groß sind die Effekte auf ökonomischer Ebene, die von der Konkurrenz um die knappen Ressourcen geprägt wird: Die Individuen stehen sich als souveräne Herrscher gegenüber und konkurrieren untereinander. Der treibende Impuls hinter der Schrift *Über Freiheit* ist die Sorge, daß das verfügbare Maß an Genie in der Gesellschaft, das Mill vorsichtig als *Originalität in Gedanken und Taten*[215] definiert, nicht genügend gewürdigt oder genutzt wird. Wenn es der umgebenden Mittelmäßigkeit gelingt, dieses Maß an Genie zu ersticken, würde der Fortschritt aufhören. *Keine demokratische Herrschaft oder die einer zahlreichen Aristokratie hat sich jemals entweder in ihren politischen Handlungen oder in den Meinungen, Eigenschaften und der Geistesart, die sie begünstigt, über die Mittelmäßigkeit erhoben, oder konnte es tun, außer soweit wie die souveränen Vielen sich (was sie in ihren besten Zeiten immer getan haben) von den Ratschlägen und dem Einfluß eines höher begabten und besser unterrichteten Einzelnen oder Weniger leiten ließen. Die Einführung aller weisen und edlen Dinge ist die Sache von Individuen und muß es sein, im allgemeinen zuerst die eines einzigen Individuums.*[216]

Die letzten Jahre: Politik und Ethik (1859–1873)

Die erste Zeit nach dem Tod seiner Frau 1858 fiel Mill in tiefe Trauer. Erst nachdem er das Haus in St. Véran gekauft hatte – ein Akt der Verbundenheit mit ihr –, kehrte er nach Blackheath zurück und wandte sich der Welt zu. Im Mai 1859 besuchte er wieder regelmäßig die Treffen des «Political Economy Club», wo er rasch John Elliot Cairnes als ersten einer Gruppe junger Verehrer gewann.[217] Mill begann, sich erneut politisch zu engagieren, nachdem er durch die Auflösung des philosophischen Radikalismus zunächst in Gleichgültigkeit verfallen war. Wie Anfang der dreißiger Jahre wurde über ein neues Reformgesetz diskutiert. Zwar hatten die Bauern, Handwerker und Industriearbeiter gemeinsam mit der Bourgeoisie die Macht der alteingesessenen Schichten gebrochen, doch fiel das Bündnis danach auseinander: Die Arbeiter stellten fest, daß ihr Sieg der Mittelschicht mehr Vorteile gebracht hatte als ihnen, und der Bourgeoisie mißfielen die weiter gehenden Ziele der Arbeiterschaft. Die Arbeiter forderten das Wahlrecht für alle und wirtschaftliche Reformen zu ihren Gunsten. Demgegenüber wollten die Liberalen die politische Herrschaft auf die Gebildeten und Besitzenden beschränken, und der Staat sollte sich möglichst wenig in Wirtschaft und Gesellschaft einmischen.

1859 veröffentlichte Mill als seine erste politische Publikation die *Gedanken über die Parlamentarische Reform,* ein Pamphlet über das Reformgesetz, das von Lord Derby und Benjamin Disraeli erfolglos vorgeschlagen wurde. Die *Gedanken* erscheinen als natürliche Ergänzung der Freiheitsschrift: Das allgemeine Wahlrecht wird als gerecht und wichtig für die gesellschaftliche Erziehung propagiert. Dennoch machte sich Mill Gedanken über das Risiko der Umsetzung, solange die Arbeiterklasse noch nicht reif genug war. Er empfahl als Ausweg eine Gewichtung der Stimmen: Jedermann sollte wählen dürfen, aber nicht jede Stimme gleich zählen. Die Gewichtung sollte nicht auf Reichtum oder sozialer Position beruhen, sondern auf Erziehung und Fähigkeiten. Jeder, der sich in das Wahlregister einträgt, sollte beispielsweise einen englischen

Thomas Hare (1806–1891). Gemälde von Lowes Cato Dickinson, 1867

Satz in der Gegenwart des Registrierungsbeamten schreiben und einen Dreisatz lösen.

Kurz nach der Veröffentlichung der *Gedanken* schickte der Rechtsanwalt Thomas Hare an Mill seine Abhandlung über die proportionale Repräsentation. Hare wollte ein neues nationales Wahlregister. Die Zahl der Wähler sollte durch die Zahl der Sitze geteilt werden. Dies ergab die Mindestanzahl von Stimmen, die ein Kandidat für einen Sitz bekommen mußte. Jeder Wähler konnte jeden Kandidaten wählen. Bei der Auszählung sollte jede Stimme, die über die Mindestanzahl für einen Sitz hinausging, ungültig werden und dafür der nächste Kandidat auf der Wahlliste die Stimme bekommen. Damit würde keine Stimme für einen ohnehin erfolgreichen Kandidaten verschwendet. Die Kritik an Hares System war heftig: Das System sei zu kompliziert, es würde die Beziehung zum Wahlkreis zerstören und das Parteiensystem. Mill jedoch war begeistert: *Unter Gegebenheiten, die jede Ansammlung von Wählern, die eine bestimmte Zahl erreicht, in die Lage versetzt, in die Legislative einen*

Repräsentanten ihrer Wahl zu plazieren, können Minderheiten nicht mehr unterdrückt werden.[218] Er schloß Freundschaft mit Hare und versuchte, das System 1867 als Zusatzartikel zum Reformgesetz durchzubringen.

Ende Mai 1859 kehrte Mill nach St. Véran zurück und kümmerte sich um Grabanlage und Grabstein. Täglich verbrachte er eine Stunde auf dem Friedhof, wo er gärtnerte oder Gäste hinführte. Mill wurde von Helen nach St. Véran begleitet, die ihre Schauspielkarriere aufgegeben hatte und ihm den Haushalt führte. In seiner Großzügigkeit und Dankbarkeit konzediert Mill auch ihr einen Anteil an seinem Werk: *Sicher war niemand jemals zuvor so glücklich, daß er nach einem Verlust wie dem meinen noch einen anderen solchen Gewinn in der Lotterie des Lebens zog – noch ein Kamerad, Stimulierer, Ratgeber und Lehrer der seltensten Qualität. Wer immer, entweder jetzt oder später, an mich und an mein getanes Werk denken mag, darf niemals vergessen, daß es das Produkt nicht eines Verstandes und Gewissens ist, sondern von dreien, wobei das am wenigsten zu berücksichtigende und vor allem das am wenigsten originelle dasjenige ist, dessen Namen damit verknüpft ist.*[219]

Im August 1860 kehrten Mill und Helen nach Blackheath zurück. Im Oktober heiratete Harriets Sohn Haji. Zurück in Avignon, 1861, begann Mill die Zurückgezogenheit zu genießen: *Das Leben hier ist ohne Ereignisse und scheint wie ewige Ferien. Es ist eines der Privilegien einer fortgeschrittenen Zivilisation, daß während man sich aus dem Getümmel und den bedrückenden Strapazen des Lebens heraushält, man alles, was angenehm oder stimulierend in den Aktivitäten der Welt außen ist, an die eigene Tür gebracht bekommen kann. Es ist in Wahrheit ein zu genießerisches Leben für jemanden, dessen Pflichten bei seinen Mitmenschen liegen, wenn diese nicht – wie es glücklicherweise bei mir der Fall ist – überwiegend solche sind, die besser aus einer Distanz von der Gesellschaft erfüllt werden können als aus ihrer Mitte.*[220] In Blackheath gab Mill sich geselliger: Zum allwöchentlichen 5-Uhr-Abendessen am Samstag trafen alle möglichen Freunde ein.

Zwei Jahre nach *Über Freiheit* und den *Gedanken* erschienen 1861 die *Betrachtungen über die repräsentative Demokratie*, an denen Mill 1860 und 1861 gearbeitet hatte. Die *Betrachtungen* sind doppelt so umfangreich wie *Über Freiheit*. Mill übersetzt die Argumente aus der Freiheitsschrift in funktionsfähige politische Arrangements: Er entwirft institutionelle Vorkehrungen, die der gebildeten Minorität den Einfluß verschaffen sollen, die Mehrheitsmeinung zu korrigieren. Das Volk soll eine Regierung bekommen, die die *Volksmeinung in den Schranken der Vernunft und Gerechtigkeit*[221] hält. Mills praktische Vorschläge entsprachen nicht den Idealen der Demokraten. Fast hätten sie das Buch gar nicht in den Kanon der Klassiker liberalen Denkens aufgenommen.

Mill hält die Repräsentativregierung für die ideale Staatsform, da sie am besten die Teilnahme der Bürger an der Politik erlaube. Er sagt, daß *die einzige Regierung, welche alle Forderungen des gesellschaftlichen Zustandes vollständig zu befriedigen vermag, die Beteiligung des ganzen Volkes voraussetzt; daß jede Teilnahme an einem öffentlichen Geschäft, selbst an dem kleinsten, ihren Nutzen hat; daß diese Beteiligung überall so groß sein sollte, als es der Grad der allgemeinen Entwicklung des Staates irgend gestattet, und daß als letztes Ziel nichts geringeres wünschenswert sein kann als die Zulassung aller zu einem Anteil an der souveränen Gewalt des Staates. Da aber in einem Gemeinwesen, dessen Grenzen über die Mark einer einzigen kleinen Stadt hinausgehen, unmöglich alle Bürger sich persönlich an den wichtigeren Geschäften des Staatslebens beteiligen können, so folgt daraus, daß der ideale Typus einer vollkommenen Regierung eine Repräsentativregierung ist.*[222] Damit wird die Sicherung der Rechte und Interessen eines jeden erreicht. Zugleich dient die Demokratie als Instrument der Erziehung zum mündigen Staatsbürger. Die Teilnahme der Individuen an der Politik ist ein Instrument der Selbstentwicklung und die notwendige Voraussetzung des Mündigwerdens. Im Unterschied zum Paternalismus sichert die Demokratie die Artikulierung aller Interessen. Somit können sie in das allgemeine Interesse integriert werden.

Freiheit kann nur dort in umfassender Weise den Charakter prägen, wo derjenige, auf den sie einwirkt, bereits vollberechtigter Staatsbürger ist oder die Aussicht hat, es zu werden.[223] Die repräsentative Regierungsform sei die beste Form, um die Energien der größten Zahl von Individuen zu mobilisieren. Despotische und aristokratische Regierungen würden immer Passivität und Eigennutz ihrer Untertanen fördern. Populäre Regierungen dagegen fördern Aktivität, Selbstvertrauen und Wetteifer. Mill folgt nicht seinem Vater, der sein Argument für die Demokratie aus der universalen Tendenz der Menschen ableitete, einander zu unterdrücken. Mills Anliegen ist es, die Verantwortung des einzelnen zu maximieren: *Jede Regierung, die gut zu sein beansprucht, muß die positiven Eigenschaften der einzelnen Bürger zu einem gewissen Teil für die Wahrnehmung ihrer kollektiven Interessen organisieren. Eine Repräsentativverfassung stellt ein Mittel dar, dem in einem Gemeinwesen erreichten allgemeinen Maß an Einsicht und redlicher Gesinnung sowie der individuellen Vernunft und sittlichen Reife seiner mündigsten Bürger mehr Gewicht und direkteren Einfluß auf die Regierung zu sichern, als ihnen in jedem anderen politischen System zukäme […].*[224]

Im Gegensatz zu den heute verbreiteten Demokratietheorien wendet sich Mill gegen die Gewaltenteilung. Der Grund: Verantwortlichkeit und Effizienz verlangten Einheit an der Spitze, Gewaltenteilung dagegen ver-

teile die Verantwortung und könne zu gegenseitiger Behinderung führen. Außerdem sei sie unvereinbar mit dem Volkswillen, da sie dessen Umsetzung via Parlament verhindere. Allerdings sieht er nicht, daß sich ohne Gewaltenteilung das Problem der Herrschaft der absoluten Mehrheit verschärft.

Der ehemalige Beamte Mill plädiert dagegen für eine ungehinderte

John Stuart Mill

Administration. Jeder Zweig der öffentlichen Verwaltung habe seine eigenen Regeln entwickelt, um besonderen Problemen zu begegnen. Wenn die Gesetzgeber in Fachfragen eingreifen, gebe es folgendes Ergebnis: *Im besten Fall würde Unerfahrenheit über Erfahrung, Ignoranz über Kenntnis richten […].*[225] Sogar wenn beim Gesetzgeber Experten sitzen oder arbeiten, seien diese parteiisch. Mill ärgert sich darüber, wie die von

Professionellen sorgfältig vorbereitete Gesetzgebung ruiniert wird, weil *komische und verschrobene Meinungen, die bereits einmal von Expertenwissen überstimmt wurden, noch eine zweite Chance vor dem Tribunal der Ignoranz*[226] erhalten.

Mills Lösung ist eine gesetzgebende Kommission, die *das Element der gesetzgeberischen Einsicht*[227] umfaßt. Sie soll die Gesetzentwürfe vorbereiten, die das Parlament als Verkörperung des Volkswillens billigen, zurückweisen oder bei teilweiser Nichtübereinstimmung auch noch einmal zur Überarbeitung zurückschicken kann, die es aber nicht eigenständig abwandeln darf.[228] Die Funktion des Parlamentes wäre dann vor allem die Kritik und Kontrolle der Regierung. Es sollte *gleichzeitig Beschwerdeausschuß der Nation und Kongreß der Volksmeinung*[229] sein. Seine Aufgabe ist die Diskussion, aber damit diese einen Wert hat, muß das Parlament *einen etwaigen Querschnitt aller Intelligenzschichten innerhalb des Volkes darstellen, die beanspruchen können, in öffentlichen Angelegenheiten überhaupt gehört zu werden*[230]. Trotz seiner hohen Wertschätzung administrativen Expertenwissens plant Mill eine repräsentative Versammlung, die ein effektives Gegengewicht zur Bürokratie sein kann. Bürokratische Fähigkeiten werden nicht von selbst eine gute Regierung sichern, denn gegen das bloße Befolgen von professionellen Maximen der Beamten wird der gleiche Einwand erhoben wie in *Über Freiheit* gegen das bloße Befolgen der Tradition: Es fördert geistige Trägheit. *Die Krankheit, an der bürokratische Regimes leiden und gewöhnlich zugrunde gehen, ist die Routine. Sie zerbrechen an der Unwandelbarkeit ihrer Grundsätze […].*[231]

Das administrative Expertenwissen muß durch öffentliche Kontrolle ausbalanciert werden. Dies soll jedoch nicht durch populäre Mehrheiten geschehen, gegen die Mill einwendet, sie würden nur ihren eigenen selbstsüchtigen Interessen gegen das allgemeine Wohl folgen.[232] Das bestehende repräsentative Organ gebe zwar seine Stimme zu den entscheidenden Fragen, doch dies sei gefährdet, wenn die Qualifikation gesenkt und die Wahlbevölkerung vergrößert werde. *Je weniger ihre Zusammensetzung [die der Repräsentativkörperschaft] diese geistige Qualifikation gewährleistet, desto mehr wird sich die gesetzgebende Versammlung durch entsprechende Beschlüsse Übergriffe auf das Gebiet der Exekutive leisten, wird fähige Männer ihres Amtes entheben und schlechte in ihren Positionen halten, wird den Mißbrauch ihrer Amtsgewalt ruhig hinnehmen oder übersehen, sich von ihnen durch Vorspiegelung falscher Tatsachen täuschen lassen oder Männern, die ihr Amt gewissenhaft zu erfüllen bemüht sind, ihre Unterstützung verweigern; sie wird eine egoistische, unberechenbar jedem Antrieb gehorchende, kurzsichtige, von Kenntnis ungetrübte und mit Vorurteilen beladene Innen- und Außenpolitik unterstützen oder fordern; sie wird gute Gesetze abschaffen oder schlechte erlassen, neue Mißstände einführen oder mit verstocktem Eigensinn an alten festhalten [...].*[233]

Dann stellt er die Bedingungen für eine Repräsentativ-Verfassung vor: *Die Verfassung eines Repräsentativsystems müßte folgendes gewährleisten: kein partikulares Interesse sollte so stark werden können, daß es in der Lage wäre, sich gegen alle anderen Teilinteressen sowohl als auch gegen Wahrheit und Recht durchzusetzen.*[234] Dazu dient vor allem eine Reform des Wahlsystems, die Mill noch einmal näher erläutert.

Das erste Ziel dieser Reform wäre der Schutz der Minderheiten. Demokratien, so hat Mill von Tocqueville gelernt, sind besonders in Gefahr, Freiheiten zu mißachten. Der Einzeltyrann, so argumentierte er schon 1840 in seiner ausführlichen Würdigung Tocquevilles, hat wenigstens die Mehrheit gegen sich, während die tyrannische Volksmehrheit selbst bei wüsten Rechtsbrüchen leicht die Mehrheit hinter sich hat; und das ist schlimmer.[235] Um dies zu verhindern, befürwortet er das Schema der Minderheitenrepräsentation nach Thomas Hare.

Der größte Vorteil wäre, daß damit genau die Stimmen ins Parlament zurückkehrten, von denen Mill in *Über Freiheit* fürchtete, daß sie ungehört blieben oder unterschätzt würden: *Hunderte eigenständig denkender, fähiger Männer, die niemals eine Chance hätten, in irgendeinem Wahlkreis die Mehrheit zu erringen, haben sich durch ihre Schriften oder ihre Verdienste auf irgendeinem Gebiet des öffentlichen Lebens einen Namen gemacht und fast in jedem Distrikt des Königreichs einzelne Anhänger gefunden; und wenn man jede Stimme, die ihnen in irgendeinem Teil des Landes zufiele, in Rechnung stellen könnte, so ist es durchaus möglich, daß sie den erforderlichen Wahlquotienten erreichen. Kein anderer Weg wäre vorstellbar, auf dem mit solcher Sicherheit wirklich die Elite des Landes ins Parlament gelangen würde.*[236]

Zu diesem Zweck will Mill das Wahlrecht beschränken. Er ist hin und her gerissen: Einerseits schätzt er den erzieherischen Effekt des Wahlrechts für alle, andererseits fürchtet er die Ignoranz ungebildeter Bevölkerungsschichten. Mill war sehr beeindruckt von Tocquevilles Beschreibung der amerikanischen Demokratie und der Wirkung des Wahlrechts: *Wohl allen Reisenden fällt auf, daß bis zu einem gewissen Grade jeder Amerikaner Patriot ist, daß er dazu einen entwickelten Verstand besitzt.*[237] Allerdings gab Mill zu, daß die US-Bürger dazu tendierten, außerhalb der Politik zu bleiben, weil sie von der unwissenden Mehrheit überstimmt wurden, mit dem Ergebnis, daß ihre Demokratie eine politische Schule war, *von der die fähigsten Lehrer ausgeschlossen sind*[238]. Aber mit Hares Schema würde dies in Großbritannien nicht geschehen. Statt dessen würde der Horizont der Arbeiter durch die politische Diskussion erweitert, die durch die am besten Erzogenen geführt wird: *Zu den positiv-*

sten Auswirkungen eines freiheitlichen Regierungssystems gehört jene Ausbildung der Urteilsfähigkeit und der Gesinnung, die bis in die untersten Schichten des Volkes wirkt, wenn diese zur Mitwirkung an Entscheidungen berufen sind, die die großen Probleme ihres Landes unmittelbar berühren.[239] Und er sieht auch: *Jeder, der in einem sonst demokratischen Regierungssystem kein Stimmrecht hat und keine Aussicht, es zu erhalten, wird entweder zu den ewig Unzufriedenen gehören oder sich wie jemand fühlen, den die öffentlichen Angelegenheiten der Gesellschaft nichts angehen.*[240]

Seine Furcht vor Ignoranz führte Mill jedoch dazu, darauf zu bestehen, daß niemand wählen solle, der nicht lesen und schreiben kann und die Grundrechenarten beherrscht. Ebenso sollte nicht wählen, wer keine Steuern zahlt oder von der Sozialhilfe («parish relief») lebt. Aber trotz dieser Vorrichtungen könnte es zu einer Wählerschaft mit einem *zu niedrigen Standard der politischen Bildung*[241] kommen; daher schlug er zusätzliche Stimmen für solche Personen vor, deren Beschäftigung ein höheres Niveau der Bildung anzeigte. Er glaubte, dies wäre weniger hassenswert als ein Wahlrecht nach Eigentum. Schließlich versicherte er, daß es nicht mehr Grund gebe, Frauen vom Wahlrecht auszuschließen als irgendwelche Leute wegen ihrer Körpergröße oder Haarfarbe.[242]

Mill lehnte auch das geheime Wahlrecht ab. Noch James Mill war für die geheime Wahl gewesen, aber aus einem besonderen Grund: Er sah die Ängstlichkeit der besitzenden Klassen vor 1830 wegen des Drängens der Radikalen auf ein breiter gefaßtes Wahlrecht und auf kleinere Parlamente. Mit dem geheimen Wahlrecht wollte er sie beruhigen. Er argumentierte, dies allein würde eine moralische Veränderung in das existierende System der Repräsentation bringen. Es würde den Kandidaten verpflichten, sich um das allgemeine Wohl verdient zu machen, sowie den Wähler von Drohungen oder Bestechung befreien und somit zu einer bewußten Wahl führen. Die Vertreter des philosophischen Radikalismus behandelten das geheime Wahlrecht als die praktikabelste Reform des Wahlsystems: Sie würde die Dominanz der besitzenden Klassen nicht gefährden, sondern eher stärken, indem sie diese vom Verdacht der Bestechung und Korruption befreit. Seinem Sohn schien das geheime Wahlrecht nicht länger nötig zum Schutz der Wähler: Die Mittelklassen waren im Aufstieg, die Handelsleute wohlhabend genug, um sich dem Druck ihrer Kunden zu widersetzen, und die Grundeigentümer bedrohten nicht länger die Pächter, wenn diese für ihre Gegner stimmten.

Im Gegenteil würde das geheime Wahlrecht ein Hindernis bei der Erziehung der Massen sein. Wenn Wahlen Lektionen in politischer Verantwortlichkeit sein sollten, müsse das Wählen offen vor sich gehen. *Die Bedeutung der Öffentlichkeit ist unschätzbar, selbst wenn sie nur das ver-*

hindert, was sich schlechterdings nicht rechtfertigen läßt, wenn sie nur zur Überlegung zwingt und jedermann nötigt, sich vor allem Handeln darüber klar zu werden, was er zur Rechtfertigung seiner Handlungen vollbringen soll, falls er zur Verantwortung gezogen wird.[243]

In seinem dritten Wahlrechtsvorschlag wandte sich Mill gegen das imperative Mandat, das damals Gelöbnis («pledge») genannt wurde und einen Parlamentskandidaten dazu zwingen sollte, sich auf eine bestimmte Politik zu verpflichten. Der Grund: *Überlegene geistige Kraft und gründliche Studien sind nutzlos, wenn sie nicht gelegentlich zu Ergebnissen führen, die von denjenigen abweichen, zu denen Menschen von gewöhnlichen Geistesgaben ohne Studium gelangen.*[244] Wenn die Wähler im Parlament von fähigen Männern vertreten werden wollen, dürfen sie diese nicht durch Bedingungen fesseln. *Ein Mann von Gewissen und anerkannter Befähigung sollte auf der Freiheit bestehen, ganz nach eigenem Ermessen zu handeln und sich weigern, unter anderen Bedingungen ein Amt zu übernehmen.*[245]

Mills Argumente für die Demokratie sind recht idealistisch, seine konkreten Vorschläge dienen aber eher der Absicherung des Herrschaftssystems gegen den Mehrheitswillen. Die Folgen sind offensichtlich: Der Sachverstand – also die Bürokratie – könnte die Oberhand gewinnen und sich verselbständigen. Das Parlament soll nur der Kontrolle und Kritik dienen und keine Gesetzesinitiative haben.

Im gleichen Jahr 1861 erscheinen in der Zeitschrift «Fraser's» eine Reihe von Artikeln zum Utilitarismus, die Mill bereits 1854 geschrieben, 1859 beendet und 1860 noch einmal überarbeitet hatte. 1863 werden sie als Buch unter dem Titel *Der Utilitarismus* zusammengefaßt. Diese Schrift wurde sogleich neben Benthams «Einführung» als Grundwerk der utilitaristischen Ethik anerkannt. Die Absichten beider Werke sind jedoch grundverschieden: Bentham stellte den ideologiekritischen Ansatz seiner Ethik heraus und versuchte so, soziale Reformen zu begründen. Mills Werk dagegen ist eine Verteidigungsschrift: Er will die Einwände der Gegner des Utilitarismus als Mißverständnisse entkräften und zeigen, daß die praktischen Konsequenzen des Utilitarismus mit denen traditioneller ethischer Prinzipien durchaus übereinstimmen. Damit versucht er, den seiner Ansicht nach unzureichenden Stand der Moralphilosophie aufzuheben und sie durch das utilitaristische Prinzip und seinen Beweis zu einer Wissenschaft zu machen.

Um seinen Standpunkt überzeugend darzulegen, modifiziert Mill den Benthamschen Utilitarismus erheblich. William James sagte, daß «Mills übliche Art zu philosophieren darin bestand, zunächst eine von seinem Vater entlehnte Theorie kühn zu behaupten und dann im einzelnen an die

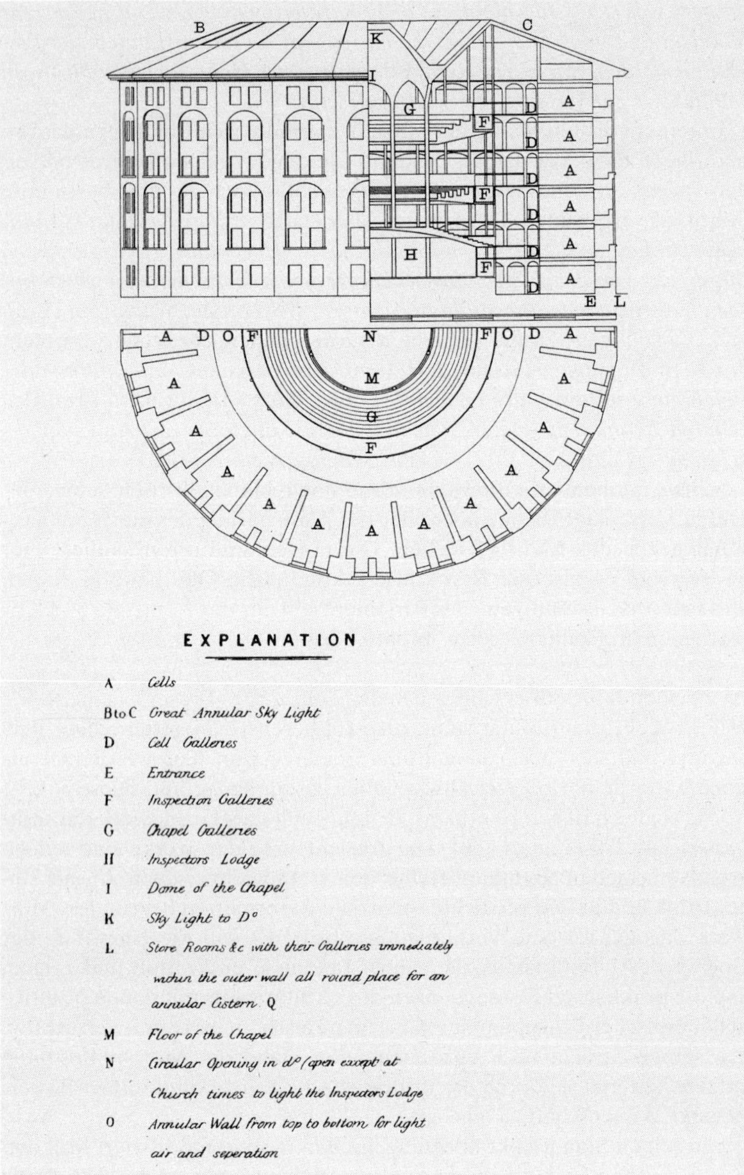

Plan des «Panoptikum», Benthams Entwurf für ein Gefängnis

Gegner der Theorie so viele Zugeständnisse zu machen, daß von dieser praktisch nichts mehr übrig blieb»[246]. Mill will Bentham vor allem gegen Vorwürfe von konservativer Seite verteidigen, der Utilitarismus würde zu einer Philosophie der Plattheit und des flüchtigen Genusses verkommen. So hatte Carlyle kritisiert, das Leben der Menschen gleiche nurmehr den Schweinen, die ebenfalls Kartoffeln, Eicheln und Trüffeln Gratifikationswerte zuordnen können. Carlyle sprach daher von einer «pig-philosophy»[247]. Mills Strategie ist es, den Gegnern des Utilitarismus entgegenzukommen, indem er zeigt, daß sich die praktischen Konsequenzen dieser Ethik von den herkömmlichen moralischen Prinzipien keineswegs grundsätzlich unterscheiden. Sein Ausgangspunkt ist typisch für ihn: Er will die Streitfrage lösen, *welches das Kriterium von Recht und Unrecht*[248] ist, und damit die Frage nach der *Grundlage der Moral*[249] beantworten. Die Lösung soll das utilitaristische Prinzip sein, für das er sogleich den *jungen Sokrates*[250] als Kronzeugen und Vertreter dieser Lehre zitiert.

John Stuart Mill modifiziert vor allem zwei Punkte des traditionellen Utilitarismus. Er erweitert zu Beginn des zweiten Kapitels das Glückskalkül (die hedonistische Maximierungsregel) Benthams durch ein qualitatives Maß der Lust («pleasure»). Benthams Lust-Unlust-Psychologie geht davon aus, daß der Mensch als unverbesserlicher Egoist nichts außer seiner eigenen Lust dauerhaft erstrebt. Dies führte zu dem Vorwurf, der Utilitarismus erkläre die Befriedigung niederster Instinkte zum alleinigen Lebenszweck. Mills utilitaristischer Mensch kann dagegen durchaus moralische Vollkommenheiten und Ideale um ihrer selbst willen erstreben und an sich und andere einen weiteren Maßstab anlegen, der nicht nur die Folgen einer Handlung für Glück und Unglück, sondern auch ihre edle Gesinnung, Würde und moralische Dimension berücksichtigt. Die einzige Möglichkeit zur Verteidigung des Utilitarismus sieht Mill darin, den gewöhnlich höher angesehenen Fähigkeiten des Menschen den Vorrang zu geben. Mill argumentiert dabei auf eine für ihn typische Weise: Dieses Qualitätskriterium ist kein eigenständiges Kriterium (was eine eigene Definition notwendig machen würde), sondern lediglich ein Teilaspekt, der zufällig vorher übersehen wurde. Im Gegensatz zu Benthams quantitativem Utilitarismus vertritt Mill einen qualitativen Utilitarismus: *Es wäre unsinnig anzunehmen, daß der Wert einer Freude ausschließlich von der Quantität abhängen sollte, wo doch in der Wertbestimmung aller anderen Dinge neben der Quantität auch die Qualität Berücksichtigung findet.*[251] Sein berühmter Satz: *Es ist besser, ein unzufriedener Mensch zu sein als ein zufriedenes Schwein; besser, ein unzufriedener Sokrates als ein zufriedener Narr.*[252]

Aufgrund der angestrebten qualitativen Differenzierung ist Mill gezwungen, verschiedene Arten der Lust zu unterscheiden. Er übernimmt das traditionelle dualistische Schema der *sinnlichen und geistigen Freuden* und bewertet die geistigen Freuden qualitativ höher. Mill sagt – wie auch Bentham –, daß die geistige Freude sich als quantitativ größer erweist, indem sie ein höheres Maß an Dauer und Sicherheit bietet sowie geringere Mühen verursacht. Zusätzlich führt er aber eine qualitative Bewertung ein und greift auf die innere Natur des Menschen zurück: Geistige Freuden seien spezifischer menschlich als sinnliche Freuden.

Das Problem Mills ist die Messung und Bewertung der Qualitätsunterschiede. Er schlägt folgendes Entscheidungsverfahren vor: Diejenigen, die mit beiden Qualitäten von Freuden («pleasures») vertraut sind, sollen darüber entscheiden, welche vorzuziehen ist. Mill ist überzeugt, daß diese Personen die geistige Lebensweise bevorzugen werden, die auch ihre höheren Fähigkeiten fordert: *Kein intelligenter Mensch möchte ein Narr, kein gebildeter Mensch ein Dummkopf, keiner, der feinfühlig und gewissenhaft ist, selbstsüchtig und niederträchtig sein – auch wenn sie überzeugt wären, daß der Narr, der Dummkopf oder der Schurke mit seinem Schicksal zufriedener ist als sie mit dem ihren.*[253] Mit diesem induktiven Beweis hat Mill seiner Ansicht nach gezeigt, daß die qualitativ «höheren» Genüsse auch die quantitativ größeren sind.

Die zweite Modifikation Mills betrifft die Integration des Altruismus: Er verteidigt den Utilitarismus gegen den Vorwurf, daß das Streben nach der eigenen Glückseligkeit das Unglück der anderen Menschen mitbedinge. Mill behauptet, wahrhaft glücklich seien nur diejenigen, welche einen anderen Zweck ins Auge fassen als ihr eigenes Glück, nämlich das Glück der anderen, den Fortschritt der Menschheit. Das *Glück [happiness], das den utilitaristischen Maßstab des moralisch richtigen Handelns darstellt, [ist] nicht das Glück des Handelnden selbst, sondern das Glück aller Betroffenen*[254]. Er versucht sogar, die utilitaristische Ethik mit der christlichen auszusöhnen: *In der goldenen Regel, die Jesus von Nazareth aufgestellt hat, finden wir den Geist der Nützlichkeitsethik vollendet ausgesprochen. Die Forderungen, sich dem andern gegenüber so zu verhalten, wie man möchte, daß er sich einem selbst gegenüber verhält, stellen die utilitaristische Moral in ihrer höchsten Vollkommenheit dar.*[255]

Diese Modifikationen genügen Mill aber noch nicht: Im vierten Kapitel – dem meistdiskutierten und -kritisierten Teil seines Buches – versucht er, einen Beweis für das Nützlichkeitsargument als obersten Maßstab des menschlichen Handelns zu führen. Dieser Beweis wird seit jeher nahezu einmütig kritisiert: Mills Argumentation sei nicht ausreichend zum Beweis, daß der einzelne das Glück der Allgemeinheit erstrebt oder daß das Glück der Allgemeinheit überhaupt etwas ist, was er erstreben sollte. Schon rein formallogisch könne ihm ein Trugschluß nachgewiesen werden.[256]

Doch beginnen wir von vorn: Mill hält in der praktischen Philosophie einen obersten Maßstab für das menschliche Handeln für notwendig. *Es muß irgendeinen Maßstab geben, um darnach die Güte oder Schlechtigkeit (die unbedingte wie die vergleichsweise) von Zwecken oder Gegenständen des Begehrens zu bestimmen. Und welcher immer dieser Maßstab sein mag, es kann nur einen geben.*[257] Der Grund: Bei mehreren Grundsätzen könnte ein Verhalten von einem Maßstab gebilligt werden, von einem anderen dagegen verworfen, und man bräuchte immer noch einen Schiedsrichter. Für Mill liegt die Attraktivität einer Ethik im Versprechen der Überwindung von Relativismus oder Intuitionismus.

Mills *Beweis für das Nützlichkeitsprinzip* ist jedoch lediglich ein Plausibilitätsargument, kein deduktiver Beweis. Als solcher ist er vielfach mißverstanden und kritisiert worden. George E. Moore in seinen «Principia Ethica» (1903) und andere sprachen von einem «naturalistischen Fehlschluß». Schon in seinen *Allgemeinen Bemerkungen* zu Beginn des Essays sagt Mill jedoch, daß Fragen über Ziele und Zwecke, also letzte Prinzipien, nicht direkt bewiesen werden können. *Es versteht sich, daß dies kein Beweis im gewöhnlichen und populären Sinne des Wortes sein kann. Fragen nach letzten Zwecken sind eines direkten Beweises nicht fähig. Wenn von etwas gezeigt werden kann, daß es gut ist, dann nur dadurch, daß man zeigt, daß es ein Mittel zu etwas anderem ist, von dem ohne Beweis zugegeben wird, daß es gut ist.*[258] Unter Beweis im engeren Sinn (auch deduktiver Beweis genannt) ist die Ableitung aus ersten Sätzen (Prinzipien) zu verstehen. Also sind Prinzipien prinzipiell nicht beweisbar. Somit ist auch das utilitaristische Prinzip als schlechthin höchstes Ziel nicht direkt beweisbar: Ein deduktiver Beweis würde lediglich zeigen, daß es sich auch bei dem obersten Prinzip um ein abgeleitetes Prinzip handelt. Mills «Beweis» stellt daher Erwägungen an, *die geeignet sind, den Geist entweder zur Zustimmung oder zur Verwerfung der Theorie zu bestimmen*[259]. Mills «Beweis» ist also eher der Versuch der rationalen Begründung des Prinzips.

Die Schlüsselstelle des Millschen Beweises lautet: *Der einzige Beweis dafür, daß ein Gegenstand sichtbar [visible] ist, ist, daß man ihn tatsächlich sieht. Der einzige Beweis dafür, daß ein Ton hörbar [audible] ist, ist, daß man ihn hört. Und dasselbe gilt für die anderen Quellen unserer Erfahrung. Ebenso wird der einzige Beweis dafür, daß etwas wünschenswert [desirable] ist, der sein, daß die Menschen es tatsächlich wünschen. Wäre der Zweck, den sich die utilitaristische Theorie setzt, nicht schon in Theorie und Praxis als Zweck anerkannt, könnte einen nichts davon überzeugen, daß dies wirklich der Zweck ist. Dafür, daß das allgemeine Glück wünschenswert ist, läßt sich kein anderer Grund angeben, als daß jeder sein eigenes Glück anstrebt, insoweit er es für erreichbar hält. Da dieses jedoch eine Tatsache ist, haben wir damit nicht nur den ganzen Beweis, den der Fall zuläßt, sondern alles, was überhaupt als Beweisgrund dafür verlangt werden kann, daß Glück ein Gut ist: nämlich, daß das Glück jedes einzelnen für diesen ein Gut ist und daß daher das allgemeine Glück ein Gut für die Gesamtheit der Menschen ist. Damit hat das Glück seinen Anspruch begründet, einer der Zwecke des Handelns und folglich eines der Kriterien der Moral zu sein.*[260]

Mills Beweis läßt sich auch als Ableitung im Sinne einer Deduktion formulieren. Zunächst kehrt er zur Grundthese der hedonistischen Psychologie Benthams und James Mills zurück, daß jeder nichts anderes als sein eigenes Glück begehrt. Freude und Glück sind die einzigen Güter, die jeder Mensch um ihrer selbst willen erstrebt. Damit liegt seinem Argument implizit der egoistische Hedonismus zugrunde, den er zuvor bei seiner Integration des Altruismus ausgeschlossen hatte. Aus dem egoistischen Hedonismus leitet er das Prinzip eines subjektiv-ethischen Hedonismus ab: ‹Jeder strebt sein eigenes Glück an. Dieses Glück ist ein Gut.› Allerdings leistet sich Mill dabei einen klaren empirischen Fehlschluß: ‹Was tatsächlich erstrebt wird, das ist auch erstrebenswert.› Im nächsten Schritt deduziert er aus dem subjektiv-ethischen Hedonismus das Prinzip eines objektiv-ethischen Hedonismus: ‹Das allgemeine Glück ist für alle gut.› Er will zeigen, daß nicht nur der einzelne, sondern auch die Allgemeinheit nach dem Glück strebt. Dieser Schluß ist jedoch keine zulässige Deduktion.

Möglich ist dagegen eine andere Interpretation. Dafür, daß das allgemeine Glück wünschenswert ist, ist nur ein Grund möglich: daß jeder sein eigenes Glück anstrebt. Diese Tatsache kann laut Mill empirisch belegt werden. Also kann – mittels der Aggregierung der Wünsche einzelner – angenommen werden, daß das allgemeine Glück ebenfalls ein wünschbares Ziel ist. Es scheint, als habe er nicht mehr gemeint: *[...] als ich sagte, daß allgemeine Glückseligkeit ein Gut [good] für das Ganze aller Personen ist, meinte ich nicht, daß jedermanns Glückseligkeit ein Gut für jedes andere menschliche Wesen ist; obwohl ich glaube, daß es in einem guten Zustand der Gesellschaft und Erziehung so wäre. Ich meinte in diesem bestimmten Satz nur, daß, wenn die Glückseligkeit von A ein Gut ist, von B ein Gut, von C ein Gut, undsoweiter, daß dann die Summe all dieser Güter ein Gut sein muß.*[261]

Bei aller Kritik am Beweis Mills sollte auch bedacht werden, daß die Ethik für ihn keine Wissenschaft ist, sondern eine Kunstlehre («Art»). Die Erkenntnisleistung einer Kunstlehre ist für die Praxis ebenso wichtig wie die der Wissenschaft. Im Gegensatz zur Wissenschaft braucht die Kunstlehre aber keinen exakten Beweis für ihre Prämissen. Insofern handelt es sich beim Millschen «Beweis» nicht um einen logischen Trugschluß. Ihm geht es in seiner Ethik in erster Linie um die Förderung der Tugenden und der ästhetisch-künstlerischen Fähigkeiten der einzelnen Individuen.

Die utilitaristische Ethik hatte einen großen Einfluß auf die Wirtschaftswissenschaften. Der Grund: Sie ist individualistisch. Ihre Prämisse ist, daß jeder einzelne Mensch nach Glück strebt und Leid vermeiden will. Das bedeutet, daß jeder so handelt, wie es – zumindest für ihn – richtig ist. Entsprechend hat niemand das Recht, einen anderen Menschen in diesem Streben nach seinem Glück zu behindern. Der Staat hat die Pflicht, den Menschen bei diesem Streben zu unterstützen.

Im Januar 1862 verließen Mill und Helen Avignon, um nach Griechenland zu fahren. Mill wollte die Quellen der westlichen Zivilisation kennenlernen. Sie blieben bis September.

Ab 1863 arbeitete Mill an der *Prüfung der Philosophie Sir William Hamiltons*, die im April 1865 erschien. Eigentlich hatte er nur Hamiltons «Lectures» von 1860 und 1861 rezensieren wollen. Daraus erwuchs ein voluminöser Band mit einer Generalkritik der Psychologie und Philoso-

Sir William Hamilton
(1788–1856)

phie der Intuitionisten. Mill las Hamiltons Werke dreimal, dazu einige weitere Werke, und beendete sein Buch im Herbst 1864. Zusammen mit den drei postum veröffentlichten *Essays über Religion* gibt es seine philosophischen Ansichten wieder. Gleichzeitig begann er seine populärsten Werke in Volksausgaben herauszubringen. Nachdem sein Verleger Parker 1860 gestorben war, verhandelte er mit den Verlegern Longmans, mit denen Parker fusioniert hatte. Ein Jahr lang dauerten die Verhandlungen um den Ladenpreis: Anfang 1865 erschienen die *Politische Ökonomie, Representative Government* und *Über Freiheit* in preiswerten Volksausgaben, um so für die Arbeiter zugänglich zu werden. Sie wurden ein riesiger Erfolg: In fünf Jahren verkaufte sich allein die *Politische Ökonomie* zehntausendmal.

Im März 1865 wurde Mill gefragt, ob er als Parlamentskandidat für Westminster antreten wolle, falls ein Rundschreiben an die Wähler ein Interesse an seiner Kandidatur zeigen sollte. 1851 hatte er eine solche Bewerbung abgelehnt. Nun stimmte er zu. Allerdings stellte er vier Bedingungen: Erstens wollte er keine lokalen Interessen wahrnehmen, zweitens würde er lediglich seine eigene Meinung vertreten und nicht die Interessen einer Partei, drittens würde er nicht für die Interessen einzelner Wahlkreismitglieder eintreten, und viertens würde er keinen Penny zu den Wahlkampfkosten beitragen. Außerdem würde er keinen Wahlkampf betreiben und jede Frage nach seinen religiösen Überzeugungen ablehnen. Mill tat also beinahe alles, um nicht gewählt zu werden. Seine praktisch unannehmbaren Bedingungen wurden dennoch akzeptiert und eine Spendenaktion für seinen Wahlkampf eröffnet. Mill weigerte sich, sein Foto für Plakate herzugeben, und mitten im Wahlkampf zog er sich bis zehn Tage vor dem Wahltag nach Avignon zurück. Er hielt lediglich zwei Wahlreden, davon eine vor Arbeitern, die kein Stimmrecht besaßen. Dort kam es zu einem Zwischenfall. Eine Tafel wurde hereingetragen mit einem Zitat aus den *Gedanken*: *Die unteren Klassen schämen sich für Lügen, obwohl sie meist gewohnheitsmäßige Lügner sind.* Mill gab zu, dies geschrieben zu haben. Erstaunlicherweise jedoch gab es statt eines Aufruhrs Beifall für seine Ehrlichkeit. Am 12. Juli 1865 gewann Mill als Kandidat der Liberalen Partei mit 700 Stimmen Vorsprung vor dem Konservativen W. H. Smith.

Mit seiner Legislaturperiode hatte Mill Glück. Die Regierungsmehrheit war knapp, so daß die unabhängigen Parlamentarier ein größeres Gewicht hatten. Doch sofort schlugen ihm Neid und Mißgunst entgegen. Als Philosoph im Parlament erregte er großes Interesse, seine Reden waren unpolemisch und fundiert. Seine Gegner warfen ihm jedoch vor, er rede zu oft und zu lang, denn Mill hatte Schwierigkeiten beim Reden: Seine Stimme war schwach, seine Erscheinung durch einen nervösen

Das Parlament in London

Tick beeinträchtigt. Er sprach schnell, verlor jedoch immer wieder den Faden, worauf minutenlange Pausen folgten.

Mills Eintreten gegen das geheime Wahlrecht und für ein Wahlrecht von Frauen sowie die Repräsentation von Minderheiten gaben ihm schnell ein eigenes Profil. Mitte der sechziger Jahre begann eine neue politische Ära, in der ein neuer Radikalismus entstand. Mill erfüllte seine parlamentarischen Aufgaben gewissenhaft und besuchte viele Debatten. Seine Reden konzentrierte er auf Punkte und Themen, für die sich niemand sonst engagieren wollte. Bei den allgemeinen großen Debatten dagegen hielt er sich zurück. Nur bei der Abstimmung über das Reformgesetz 1867, mit dem das Wahlrecht und die Verteilung der Parlamentssitze geregelt wurden, griff er wiederholt ein. Zuvor besaß nur jeder sechste Bürger das Wahlrecht, und die seit 1832 unverändert gewichteten Wahlbezirke in den Großstädten waren deutlich unterrepräsentiert. Der spätere Tory-Führer Benjamin Disraeli brachte das Gesetz ein, mit dem das Wahlrecht erweitert wurde.

Auch in den Debatten um die Irlandpolitik engagierte sich Mill. Das katholische Irland protestierte gegen die Zahlung der Zehntsteuer an die anglikanische Kirche Irlands, die Iren waren gegen die Vereinigung mit England und protestierten gegen die wirtschaftlichen Bedingungen, die 1845 und 1846 zu Hungersnöten geführt hatten. Den Großteil des Landes

«Vor dem Turnier». Liberalen-Chef William Gladstone und Tory-Führer Benjamin Disraeli stehen sich in dieser Karikatur aus dem «Punch» gegenüber, während sich Mill (ganz links) auf die Parlamentsdebatte vorbereitet, gleich neben «Punch» (Kasperle) auf seinem Steckenpferd.

besaßen nämlich Engländer. Mill verfaßte eine Broschüre *England und Irland*, die Anfang 1868 erschien: Er war gegen eine Teilung, die er als schädlich für beide Seiten ansah. Dagegen befürwortete er einen Plan, den Pächtern dauerhaften Besitz zu geben.

1867 hält er seine Rektoratsrede an der St. Andrew's Universität in Edinburgh zum Thema Erziehung. Die Studenten hatten ihn – ohne vorher zu fragen – zu ihrem Rektor gewählt. Außerdem beginnt er mit einer überarbeiteten Ausgabe der *Analyse des menschlichen Geistes* seines Vaters, um sie populärer zu machen. Sie erscheint mit seinen Anmerkungen 1869 und dokumentiert auch die psychologischen Überzeugungen des Sohnes.

Im November 1868 gewinnt W.H. Smith die Wahl gegen Mill. Mill schrieb seine Niederlage der besseren Parteiorganisation der Tories zu und dem höheren Wahlkampfetat. Näher an der Wahrheit ist vermutlich, daß sein Engagement in der Irland-Frage und die Unterstützung mehrerer aussichtsloser Arbeiterkandidaten – vor allem des militanten Atheisten Charles Bradlaugh in Northampton – ihm die Niederlage einbrachten.

Nach der verlorenen Wahl zieht sich Mill völlig nach Südfrankreich zurück und lebt dort zusammen mit seiner Stieftochter. Weitere Angebote zu einer Kandidatur lehnt er ab. Nur einen kleinen Teil des Jahres verbringen sie noch in London. Die kleine weiße Steinhütte, die von einem Garten verborgen wurde, lag etwa eine Meile außerhalb Avignons. An zwei Seiten des Hauses befand sich eine mit Wein bewachsene Terrasse. Mills Sammlung von Pflanzen und botanischen Büchern war in einem eigenen Raum untergebracht. Hinter dem Haus begannen Wiesen und Berge. Der Tagesablauf war geregelt: Um acht Uhr gab es Frühstück, dann begann die Arbeit, die nur vom Mittagessen unterbrochen wurde. Nachmittags begab sich Mill auf lange Landspaziergänge. Nach dem Abendessen las er meist aus Büchern vor.

1869 veröffentlichte er *Die Hörigkeit der Frau*, eine Arbeit, die er 1860/61 in Avignon geschrieben hatte. Der Essay sollte erst veröffentlicht werden, wenn er hoffen konnte, auf ein aufnahmefähiges Publikum zu stoßen. In diesem Fall war der Anlaß vor allem der Gewinn von 73 der 630 Unterhausstimmen für den von ihm vorgeschlagenen Zusatz zum zweiten Reformgesetz 1867, das Frauenwahlrecht einzuführen. Mill war am 20. Mai 1867, seinem 61. Geburtstag, der erste gewesen, der in einer Parlamentsdebatte das Frauenwahlrecht gefordert hatte, indem er den Ersatz des Wortes «Mann» durch «Person» vorschlug.[262] Bereits 1830 hatte Harriet Taylor in zwei kleinen Essays «Über Ehe und Scheidung» nachgedacht.[263] 1851 erschien anonym der Text «Über Frauenemanzipation». Lange Zeit wurde er Mill zugeschrieben, doch stammt er von Harriet Taylor, die ihn vor ihrer Heirat mit Mill geschrieben hatte.[264] 1854 schrieb Mill einen öffentlichen Brief an die «Morning Post», um dagegen zu protestieren, daß ein Ehemann, der seine Frau mißhandelt hatte, nach einer Woche wieder aus dem Gefängnis entlassen wurde, obwohl er gedroht hatte, seiner Frau die Kehle durchzuschneiden. Mill wird Mitglied in der «Nationalen Vereinigung für das Frauenwahlrecht».

Die Veröffentlichung des Essays über *Die Hörigkeit der Frau* erregte großes Aufsehen. Mill setzte erfolgreich eine Diskussion in Gang, allerdings um den Preis weiterer Anfeindungen seiner Person. Neben der erwarteten Empörung der Männer gab es auch Widerstand der Frauen: Vielen fehlte die Courage, und sie zeigten sich mit ihrer Situation zufrieden. Auch Helen engagierte sich in der Frauenbewegung. Mills Freunde im Unterhaus brachten drei Jahre hintereinander im Mai den Antrag ein, den Frauen das Stimmrecht zu geben. Im ersten Jahr erhielt er 184 Stimmen, danach 151, dann 143.

In *Die Hörigkeit der Frau* plädiert Mill für die rechtliche, bildungspolitische und soziale Gleichstellung der Frau. Als Musterbild einer emanzipierten Frau schwebte ihm Harriet Taylor vor. Das Gegenbild einer hörigen Frau war seine Mutter.

Mills Einsatz für das Frauenwahlrecht. Mill sagt zu John Bull: «Gehen Sie aus dem Weg dort für diese – eh – Personen.» Mill hatte vorgeschlagen, das Wort «Mann» im Wahlrechtsparagraphen durch «Person» zu ersetzen. («Punch», 30. März 1867)

Die Hörigkeit der Frau zerfällt in zwei Teile. Im ersten Teil greift Mill die sozialen Stereotypen von «maskulinen» und «femininen» Charakteren an und die angebliche Unterlegenheit der Frau aufgrund von natürlichen Gegebenheiten. Das «natürliche» Verhalten beider Geschlechter beruhe lediglich auf Gewohnheiten: *Was man aber jetzt die Natur der Frauen nennt, ist etwas durch und durch künstlich Erzeugtes – das Resultat erzwungener Niederhaltung nach der einen, unnatürlicher Anreizung nach der andern Richtung.*[265] Auf der Grundlage der Assoziationspsychologie seines Vaters bestreitet er die angeborenen Wesensunterschiede zwischen Mann und Frau und beschuldigt das Ehegesetz seiner Zeit – ein *Gesetz des Despotismus* –, die Frauen auf ihren entmündigten Status zu fixieren. Es ist vor allem die Institution der Ehe, die er kritisiert: *Ich glaube, sie fürchten weniger, daß die Frauen überhaupt nicht heiraten wollen, denn ich kann mir nicht denken, daß einer von ihnen diese Besorgnis im Ernste hegt, sondern daß die Frauen verlangen würden, die Ehe solle auf gleichen Bedingungen beruhen, und daß alle Frauen, die Geist und*

Fähigkeiten besitzen, lieber jede andere Beschäftigung, die sie nur nicht in ihren eigenen Augen herabsetzte, ergriffen, als daß sie sich verheirateten und durch diesen Schritt sich und ihrer ganzen Habe einen irdischen Gebieter gäben.[266] Die zentrale Forderung Mills ist das Wahlrecht für Frauen.

Mill idealisiert die Frauen sehr stark und überträgt eigene Erfahrungen ins Allgemeine. Er spricht den Frauen eine Überlegenheit gegenüber den Männern in praktischen Fähigkeiten, geistiger Wendigkeit und Intuition zu.[267] Die Ehe sollte zwischen Gleichgestellten geschlossen werden. Seine Warnung: *Wir sehen es oft genug, daß junge Männer, die zu den größten Hoffnungen berechtigen, sobald sie verheiratet sind, stehenbleiben oder vielmehr, da sie nicht vorwärts schreiten, unvermeidlich zurückgehen. Treibt die Frau den Mann nicht vorwärts, so hält sie ihn zurück.*[268] Das *Ideal einer Ehe*[269] ist für ihn die Gemeinschaft *zwischen zwei Personen von gebildetem Geiste, übereinstimmend in ihren Ansichten und Zielen, zwischen denen die beste Gleichheit, die es geben kann, besteht, Ähnlichkeit der Kräfte und Fähigkeiten mit gegenseitiger Überlegenheit, so daß jeder abwechselnd sich den Luxus verschaffen mag, zu dem andern emporzusehen, und abwechselnd das Vergnügen haben kann, auf dem Pfade der Entwicklung das Amt des Führenden zu übernehmen oder geführt zu werden*[270].

Mill veröffentlichte seine Artikel nun in der «Fortnightly Review», deren Herausgeber seit Dezember 1866 John Morley war, der stark unter seinem Einfluß stand. In Avignon erreichen ihn Bücher, Anfragen und Wünsche aus aller Welt. Er beantwortet geduldig alle wesentlichen Briefe. Helen hilft ihm, soweit sie kann. Sie legt alle Schreiben zusammen mit einer Kopie der Antwort ab. Die letzten drei Jahre seines Lebens widmet Mill einer gründlichen Studie des Sozialismus. 1879 erscheinen seine *Kapitel über Sozialismus*. Darin sieht er den Sozialismus als unvermeidliche Folge des allgemeinen Wahlrechts.

Besuch empfing er nur noch selten. Selbst die Bitte der Königlichen Prinzessin Alice von Preußen, Tochter Königin Victorias, um ein Gespräch lehnte er im Dezember 1869 ab. Er entschuldigte sich mit seiner Gesundheit.[271] Zu den regelmäßigen Gästen in seinem Haus zählten der Arzt Chauffard aus Avignon und der junge protestantische Pfarrer Louis Rey. Sein Geld gab Mill freizügig für alle möglichen guten Zwecke. Er war relativ wohlhabend mit einem Jahreseinkommen zwischen 2000 und 2500 Pfund, wovon 1800 Pfund aus seiner Rente und seinem Vermögen und der Rest aus Buchtantiemen stammte. 1871 lief der Mietvertrag für das Haus in Blackheath aus, und er mietete eine Wohnung in der Victoria Street, 10 Albert Mansions. Mill wandte sich in diesen letzten Jahren wieder seiner Familie zu und unterstützte seine Schwester Mary Colman, deren Mann sich von ihr getrennt hatte. Obwohl die Tuberkulose ge-

John Stuart Mill. Gemälde von G. F. Watts, 1873

stoppt war, war seine Gesundheit angegriffen: Sein Haus in St. Véran war dicht umrandet von Weiden und Pappeln; sie gaben der Abendluft eine kühle Feuchtigkeit, die seine Bronchitis verstärkte. Dem Ratschlag, die Bäume zu fällen, mochte Mill jedoch nicht folgen: Er wollte die Nachtigallen nicht stören, die auf den Ästen bis tief in die Nacht hinein sangen. In Orange lernte Mill den Insektenforscher Jean-Henri Fabre kennen. Er fand in ihm einen Praktiker der induktiven Methode. Wie schon anderen half er ihm aus finanziellen Schwierigkeiten: Der Lehrer hatte das Lycée in Avignon verlassen müssen, weil er Mädchen am naturwissenschaftlichen Unterricht teilnehmen ließ.

Am Samstag, dem 3. Mai 1873, einem heißen Tag, unternimmt Mill zusammen mit Fabre einen großen Spaziergang. Erschöpft kehrt er von den 15 Meilen zurück und erkältet sich in der kühlen Abendluft. Am Montag bekommt er Fieber und eine Wundrose, eine mit Blasen oder sogar brandigem Gewebezerfall einhergehende Hautentzündung. Er leidet wenig, hat nur Beschwerden beim Schlucken. Zwei Tage später, am 7. Mai 1873 um sieben Uhr morgens, stirbt er.[272] Am folgenden Tag wird er neben Harriet Taylor begraben. Von seinem Vermögen von 14000 Pfund vermachte er die Hälfte der Fürsorge. Seine botanische Sammlung gepreßter Pflanzen wurde an verschiedene Museen gegeben. Seine letzten Worte zu Helen waren: *Mein Werk ist getan.*[273]

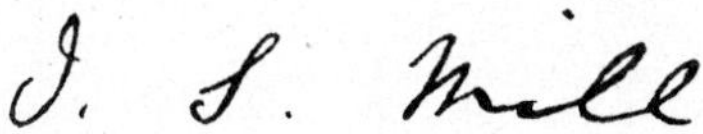

Anmerkungen

Es werden folgende Siglen verwendet:

- Au Autobiography (1873), London: Penguin 1989
- CRG Betrachtungen über die repräsentative Demokratie (1861), Paderborn: Schöningh 1971
- CW Collected Works of John Stuart Mill. Toronto and London: University of Toronto Press/Routledge and Kegan Paul. 1963 ff.
- Def Über die Definition der Politischen Ökonomie und die angemessene Forschungsmethode (1836), zitiert nach der deutschen Ausgabe: Einige ungelöste Probleme der Politischen Ökonomie. Herausgegeben von Hans G. Nutzinger. Frankfurt a. M.: Campus 1976
- GW Gesammelte Werke. Autorisierte Übersetzung unter Redaktion von Theodor Gomperz. Neudruckausgabe der letzten deutschen Ausgabe in 12 Bänden. Aalen: Scientia 1968
- HF Die Hörigkeit der Frau (1869). Übersetzt von Jenny Hirsch. Frankfurt a. M.: Ulrike Helmer 1991
- Lib Über Freiheit (1859). Übersetzt von Achim von Borries. Frankfurt a. M.: Athenäum 1987
- SA The Spirit of the Age (1831). Herausgegeben von Friedrich August von Hayek. Chicago: University of Chicago Press 1942
- Ut Der Utilitarismus (1861). Übersetzt von Dieter Birnbacher. Stuttgart: Reclam 1985

1 Au, S. 25
2 Au, S. 96
3 Michael St. John Packe: The Life of John Stuart Mill. New York/London 1954, S. 7
4 Au, S. 26
5 Brief von Harriet J. Mill an Reverend J. Cromptiom, 27. Oktober 1873, zitiert nach: Friedrich August von Hayek: John Stuart Mill and Harriet Taylor. Their Friendship and Subsequent Marriage. London 1951, S. 286, Anm. 28
6 Jack Stillinger (Hg.): The Early Draft of John Stuart Mill's Autobiography. Urbana 1961, S. 184
7 Au, S. 55
8 Claude-Adrien Helvétius: De l'Esprit. Buch III. Kapitel 1. Paris 1909
9 Zitiert von A. J. Mill: The Education of John – Some Further Evidence. In: The Mill Newsletter 11 (Winter 1976), S. 11

10 Graham Wallas: The Life of Francis Place. London 1898, S. 75f.; zitiert nach: Packe, a. a. O., S. 32
11 Au, S. 45
12 Au, S. 15
13 Au, S. 37
14 Au, S. 44
15 Au, S. 44
16 Vgl. C. M. Cox: The Early Mental Traits of Three Hundred Geniuses. In: L. M. Terman (Hg.): Genetic Studies of Genius. Band II. Stanford 1926
17 Vgl. die überlieferte Äußerung Mills gegenüber Caroline Fox, in: Caroline Fox: Memories of Old Friends. Hg. von Horace N. Pym. London [2]1882, S. 163f.
18 Au, S. 96
19 Zitiert in: Albert William Levi: The ‹Mental Crisis› of John Stuart Mill. In: Psychoanalytical Review. XXXII/1945, S. 93
20 Stillinger, The Early Draft, a. a. O., S. 183f.
21 Au, S. 63
22 Au, S. 49
23 Au, S. 68f.
24 Au, S. 82
25 Au, S. 111
26 Life and Letters of J. A. Roebuck, London 1897, o. S.
27 Vgl. Packe, a. a. O., S. 56
28 Au, S. 113
29 Au, S. 115
30 Au, S. 115
31 Au, S. 116ff.
32 Au, S. 112
33 Au, S. 112
34 Au, S. 117
35 Au, S. 117
36 Au, S. 117
37 Au, S. 118
38 Au, S. 118
39 Au, S. 118
40 So die Überschrift des Kapitels der «Autobiographie», in der er sie beschreibt
41 Packe, a. a. O., S. 81
42 Au, S. 122
43 Thomas Babington Macaulay: Mr. Mill's Essay on Government. In: Edinburgh Review, März 1829; zitiert nach: Lively/Rees (1978), S. 100
44 Ebd., S. 101
45 Ebd., S. 127
46 Sir John Bowring: Memoirs of Bentham. The Works of Jeremy Bentham. Hg. von J. Browning. Band X. London 1843, S. 450
47 Henry Taylor: Autobiography, Bd. I, London 1885, S. 78
48 Zitiert nach Hayek, a. a. O., S. 29
49 Hayek, a. a. O., S. 25, der eine zeitgenössische Beschreibung der Tochter von Fox zitiert
50 Au, S. 146
51 Thomas Carlyle: Reminiscences. Hg. von J. E. Froude. 2 Bde. Bd. 1, S. 110
52 Carlyle gegenüber Charles Eliot Norton, 1873, nach Erhalten der Nachricht

von Mills Tod. In: Sarah Norton (Hg.): The Letters of Charles Eliot Norton. London 1913. Bd. 1, S. 496f.
53 H. S. R. Elliot (Hg.): The Letters of John Stuart Mill. London 1910. Bd. I, S. 2
54 So die Überschrift des Kapitels VI der «Autobiographie»
55 Au, S. 147
56 SA, S. 6
57 CW XII, S. 162
58 Au, S. 145
59 Mill an Carlyle, CW 12, S. 154
60 SA, S. 76
61 Zitiert nach Hayek, a. a. O., S. 42, der die Stelle von Levi hat
62 Mill an Carlyle, den er ursprünglich besuchen wollte, 5. September 1833, vgl. Elliot, a. a. O., Bd. I, S. 63
63 Alexander Bain: John Stuart Mill. A Criticism. London 1882, S. 163
64 Au, S. 158
65 Mill an d'Eichthal, CW 12, S. 455
66 Überlieferte Bemerkung von Mill aus dem Frühjahr 1840, die Caroline Fox in ihrem Tagebuch notierte, vgl. William Leonard Courtney: The Life of John Stuart Mill. London 1889, S. 73
67 Thomas Carlyle: Letters of Thomas Carlyle to John Stuart Mill, John Sterling and Robert Browning. Hg. von Alexander Carlyle. London 1923, S. 197
68 Mill an Lytton Bulwer, November 1836, CW 12, S. 312
69 Bentham, GW X, S. 140
70 Bentham, GW X, S. 160
71 Packe, a. a. O., S. 247
72 Bain, a. a. O., S. 164
73 Brief an Comte, 15. November 1842, sowie Bain, a. a. O., S. 77
74 Allerdings schrieb er den Essay zur Definition der Politischen Ökonomie 1833 noch einmal teilweise um, vgl. Au, S. 142
75 Au, S. 171
76 Logik, Einleitung, GW II, S. 13
77 Logik, Inhalt, Zusammenfassung von Mill zum einleitenden Kapitel von Buch IV, i, § 1, vgl. GW IV, S. IX
78 Def, S. 156
79 Vgl. Logik VI, i, § 2, GW IV, S. 233
80 Logik VI, vii, § 1, GW IV, S. 284
81 Def, S. 148
82 Def, S. 149
83 Def, S. 149f.
84 Def, S. 149
85 Logik VI, xii, § 2, GW IV, S. 363
86 Def, S. 152
87 Def, S. 156
88 Def, S. 155
89 Def, S. 157
90 Def, S. 157
91 Def, S. 157
92 Def, S. 159
93 Def, S. 164
94 Def, S. 162

95 Def, S. 163
96 Def, S. 165
97 Def, S. 166
98 Def, S. 165
99 Def, S. 166
100 Def, S. 166
101 Def, S. 167
102 Def, S. 167
103 Def, S. 172
104 Def, S. 173
105 Def, S. 181
106 Vgl. Def, S. 180
107 Def, S. 180
108 Def, S. 174
109 Vgl. Def, S. 173
110 Def, S. 182
111 Brief Harriet Taylors an Mill, um 1844, vgl. Hayek, a. a. O., S. 114
112 Zitiert nach: Lib, S. 153
113 Hayek, a. a. O., S. 122
114 Principles II, xiii, § 1, FN 1, GW VI, S. 34
115 Au, S. 94
116 David Ricardo: On the Principles of Political Economy and Taxation. London 1871, Vorwort
117 Principles III, i, § 1, GW VI, S. 100
118 Principles, Einleitung, GW V, S. 1
119 Mill, Brief an Thomas Carlyle, 12. Januar 1834, abgedruckt in: CW XII, S. 207
120 Au, S. 187
121 Principles II, i, § 1, GW V
122 Zum Beispiel Principles II, i, § 1, GW V, S. 211
123 Vgl. Pedro Schwartz: The New Political Economy of J. S. Mill. Durham, N. C. 1972, S. 211
124 Logik VI, x, § 7, GW IV, S. 341
125 Vgl. Logik VI, x, § 7, GW IV, S. 341
126 Logik VI, x, § 7, GW IV, S. 343
127 Principles IV, i, § 2, GW VII, S. 2
128 Principles IV, i, § 2, GW VII, S. 3
129 Principles IV, vi, § 1, GW VII, S. 58
130 Principles IV, vi, § 1, GW VII, S. 58
131 Principles IV, vi, § 1, GW VII, S. 58
132 Principles IV, vi, § 2, GW VII, S. 60
133 Principles IV, vi, § 2, S. 61
134 Principles IV, vii, § 6, GW VII, S. 97
135 Principles IV, vii, § 6, GW VII, S. 98
136 Principles IV, vii, § 6, GW VII, S. 98
137 Principles IV, vii, § 6, GW VII, S. 100
138 Principles IV, vii, § 6, GW VII, S. 100
139 Principles IV, vii, § 6, GW VII, S. 100
140 Principles IV, vi, § 2, GW VII, S. 61 f.
141 Principles II, ii, § 1, GW V, S. 229
142 Principles II, i, § 3, GW V, S. 220

143 Packe, a. a. O., S. 315
144 Au, S. 175
145 Principles IV, vii, § 1, GW VII, S. 65
146 Principles IV, vii, § 1, GW VII, S. 66
147 Principles IV, vii, § 2, GW VII, S. 70
148 Principles IV, vii, § 7, GW VII, S. 102
149 Principles IV, vii, § 7, GW VII, S. 102
150 Principles IV, vii, § 7, GW VII, S. 103
151 Lib, S. 114
152 Lib, S. 114
153 Principles V, xi, § 6, GW VII, S. 265
154 Vgl. Principles V, xi, GW VII, S. 256 ff.
155 Principles V, xi, § 5, GW VII, S. 262
156 Principles V, xi, § 4, GW VII, S. 261
157 Vgl. Principles V, i, § 2
158 Principles V, viii, § 1, GW VII, S. 194
159 Principles V, xi, § 8, GW VII, S. 268 f.
160 Elliot, a. a. O., S. 159
161 Packe, a. a. O., S. 351
162 CW 14, S. 82
163 CW 14, S. 168
164 CW 14, S. 47
165 Vgl. Elliot, a. a. O., Bd. II, S. 357–386
166 Brief von Mill an Harriet Taylor, 29. August 1853, zitiert nach Hayek, a. a. O., S. 185
167 Elliot, Bd. 2, S. 383
168 Brief von Mill an W. T. Thornton vom November 1858, CW 15, S. 574
169 Hayek, a. a. O., S. 265 (Mill an Arthur Hardy, November 1858)
170 Au, S. 183
171 Vgl. John M. Robson: The Improvement of Mankind. The Social and Political Thought of John Stuart Mill. Toronto/London 1968, Kap. 3
172 Brief an John Elliot, CW 14, S. 313
173 Wilhelm von Humboldt: Ideen zu einem Versuch, die Grenzen der Wirksamkeit des Staats zu bestimmen (1792). Breslau 1851; zitiert nach der Ausgabe Stuttgart 1967, S. 22
174 Humboldt, a. a. O., S. 17
175 Demokratie II, ii, 1
176 Demokratie II, ii, 1, S. 583
177 Demokratie II, iv, 7, S. 818
178 Lib, S. 7
179 Lib, S. 19
180 Lib, S. 19
181 Lib, S. 19
182 Lib, S. 19
183 Lib, S. 17 f.
184 Vgl. im folgenden Lib, S. 64 f.
185 Lib, S. 64
186 Lib, S. 64
187 Vgl. Lib, S. 65
188 Lib, S. 71

189 Vgl. Lib, S. 75 f.
190 Lib, S. 72
191 Vgl. Lib, S. 65 ff.
192 Lib, S. 11
193 Lib, S. 11
194 Lib, S. 11
195 Lib, S. 10
196 Lib, S. 88
197 Lib, S. 88
198 Lib, S. 81
199 CRG, S. 130
200 Lib, S. 16
201 Lib, S. 16 f.
202 Lib, S. 90
203 Lib, S. 90
204 Lib, S. 90
205 Lib, S. 92
206 Lib, S. 107
207 Lib, S. 113
208 Lib, S. 98
209 Lib, S. 113
210 Lib, S. 17
211 Lib, S. 17
212 Lib, S. 126 ff.
213 Lib, S. 17
214 Lib, S. 84
215 Lib, S. 79
216 Lib, S. 80 f.
217 Vgl. Bain, a. a. O., S. 410
218 Au, S. 193
219 Au, S. 196
220 Brief an William Thornton, vgl. Courtney, a. a. O., S. 139
221 CRG, S. 134
222 CRG, VIII, S. 50
223 CRG, S. 74
224 CRG, S. 50
225 CRG, S. 93
226 CRG, S. 97
227 CRG, S. 98 f.
228 CRG, S. 99
229 CRG, S. 101
230 CRG, S. 102
231 CRG, S. 109
232 Vgl. CRG, S. 116
233 CRG, S. 111
234 CRG, S. 119
235 Vgl. John Stuart Mill: Tocqueville on Democracy in America (Vol. II), in: Edinburgh Review 1840
236 CRG, S. 130
237 CRG, S. 144

238 CRG, S. 145
239 CRG, S. 144
240 CRG, S. 145 f.
241 CRG, S. 150
242 CRG, S. 157
243 CRG, S. 174
244 CRG, S. 191 f.
245 CRG, S. 196
246 William James: The Principles of Psychology. New York 1890. Bd. 1, S. 357
247 Thomas Carlyle: Latter-Day Pamphlets. Kap. VIII: Jesuitism. London 1850, S. 28 ff.
248 Ut, S. 3
249 Ut, S. 3
250 Ut, S. 3
251 Ut, S. 15
252 Ut, S. 18
253 Ut, S. 16
254 Ut, S. 30
255 Ut, S. 30
256 Vgl. H. Jones: Mill's Argument for the Principle of Utility. In: Philosophy and Phenomenological Research 38. March 1978, S. 339, 341, 346 f.
257 Logik VI, xii, § 7, GW IV, S. 370
258 Ut, S. 8 f.
259 Ut, S. 9
260 Ut, S. 60 f.
261 Elliot, a. a. O., S. 116
262 Vgl. John Stuart Mill/Helen Taylor: Über die Zulassung der Frauen zum Wahlrecht. 1867, in: Hannelore Schröder: Die Frau ist frei geboren. München 1979. Bd. I: 1789–1870
263 Sie wurden 1951 von F. A. von Hayek veröffentlicht
264 Der Text findet sich in den Gesammelten Werken Mills, von Sigmund Freud übersetzt
265 HF, S. 38
266 HF, S. 49
267 Vgl. HF, S. 95 ff.
268 HF, S. 156
269 HF, S. 157
270 HF, S. 156
271 Packe, a. a. O., S. 481
272 In den meisten biographischen Skizzen wird der 8. Mai als Todestag angegeben. Packe, a. a. O., nennt jedoch den 7. Mai. Dies beruht auf dem offiziellen Eintrag in den «Registres de l'Etat civil d'Avignon», den Emile Thouverez (Stuart Mill, Paris [4]1908, S. 23) entdeckt hat.
273 Pastor Louis Rey: John Stuart Mill en Avignon. Vaison 1921, S. 13, zit. in: Packe, a. a. O., S. 507

Zeittafel

1806	John Stuart Mill wird am 20. Mai in London als ältester Sohn von James Mill und Harriet Burrow geboren. Mill wird im Haus seines Vaters erzogen. Mit drei Jahren beginnt er Griechisch zu lernen, mit acht Jahren Latein.
1820	Am 15. Mai fährt Mill von Dover aus nach Frankreich. Dort trifft er den Ökonomen Jean Baptiste Say und sieht Saint-Simon.
1821/22	Mill studiert römisches Recht mit John Austin und beginnt, für Zeitungen zu schreiben. Er liest zum erstenmal Jeremy Bentham und wird zum Benthamiten durch die Lektüre von Dumonts französischer Ausgabe der Schriften Benthams. Danach engagiert er sich in der radikalen Bewegung.
1822	Gründung der «Utilitarian Society» und der «Westminster Review».
1823	John Stuart Mill tritt in die Ostindische Handelsgesellschaft (East India Company/India House) ein. Als er Flugblätter pro Geburtenkontrolle verteilt, wird er verhaftet, kommt aber nicht ins Gefängnis. Erste Veröffentlichung: Er verteidigt Richard Carlile in Briefen an den «Morning Chronicle».
1827	Mill gibt Benthams «Rationale of Judicial Evidence» in fünf Bänden heraus. Er hilft bei der Gründung der London Debating Society.
1826/27	Mill durchlebt eine seelische Krise.
1828	Mill wird im India House befördert. Durch die London Debating Society kommt er in Kontakt mit Saint-Simonisten und Coleridgeanern. Er befreundet sich mit John Sterling.
1829	Mill verteidigt Wordsworth in der London Debating Society. Dies entfremdet ihn von vielen Freunden. Mill liest zum erstenmal Auguste Comtes Schriften.
1830	Im August besucht Mill Paris und erlebt die Tage der Revolution. Er beginnt ausführlich über Frankreich und französische Themen zu schreiben, vor allem für den «Examiner». Erste Begegnung mit Harriet Taylor.
1830/31	Mill schreibt die *Essays on Some Unsettled Questions of Political Economy*, die erst 1844 veröffentlicht werden. Er beginnt mit ersten Arbeiten an *System der Logik*.
1831/32	Mill veröffentlicht die saint-simonistische Schrift *The Spirit of the Age*, bespricht die Gedichte von Tennyson. Er besucht Wordsworth.
1835	Mill verursacht den Verlust des Manuskripts des ersten Bandes von

Carlyles «Französischer Revolution». Er rezensiert den ersten Band von Tocquevilles «Über die Demokratie in Amerika».

1836 Der Essay *Civilisation* erscheint. James Mill stirbt. Die «Westminster Review» wird mit der erst 1835 gegründeten «London Review» zur «London and Westminster Review» zusammengelegt. John Stuart Mill übernimmt für diese Zeitschrift redaktionelle Aufgaben.

1838 Der Essay *Bentham* wird in der «London and Westminster Review» veröffentlicht.

1839 *Reorganization of the Reform Party* («London and Westminster Review»).

1840 *Coleridge* («London and Westminster Review»); *Tocqueville on Democracy in America* (Teil II, «Edinburgh Review»).

1841 Briefwechsel mit Auguste Comte.

1842 Bekanntschaft mit Alexander Bain.

1843 *A System of Logic* erscheint. Das Werk erlebt bis 1872 acht Auflagen.

1846 Bruch mit Comte.

1848 *Principles of Political Economy*. Sie erscheinen 1871 in der 7. Auflage.

1849 Tod von John Taylor, dem Ehemann Harriets. *Vindication of the French Revolution of February 1848* («Westminster Review»).

1851 Mill heiratet Harriet Taylor. «The Enfranchisement of Women» (von Harriet Taylor, «Westminster Review»).

1852 Rezension von Whewells «Elements of Morality» und anderen Werken.

1854/55 Tod der Mutter. Mill unternimmt nach schwerer Krankheit eine acht Monate lange Erholungsreise nach Süditalien und Griechenland. Der Plan einer Schrift über die Freiheit entsteht.

1856 Mill wird zum «Head of the Examiner's Office» im India House ernannt.

1858 Die East India Company wird aufgelöst. Damit endet auch Mills Tätigkeit im India House. Am 3. November stirbt Harriet Taylor fünfzigjährig in Avignon.

1859 *On Liberty* erscheint. Das Manuskript in der Fassung von 1857 wird gedruckt. *Thoughts on Parliamentary Reform. Recent Writers on Reform* («Fraser's Magazine»).

1861 *Considerations on Representative Government*. Artikelserie *Utilitarismus* («Fraser's Magazine»).

1862 *The Contest in America* («Fraser's Magazine»).

1863 *Utilitarism* erscheint als Buch.

1865 Am 12. Juli wird Mill als Abgeordneter für Westminster in das Unterhaus gewählt. Wahl zum Rektor der St. Andrew's Universität. *Auguste Comte and Positivism* (zuerst 1864 in «Westminster Review»). *An Examination of Sir William Hamilton's Philosophy.*

1866 Mill wird aktives Mitglied des «Jamaica Committee», das versucht, Governor Eyre des Mordes zu überführen. Carlyle engagiert sich im Eyre-Verteidigungskomitee. Im Juli kommt es zu den Hyde-Park-Unruhen.

1867 *Inaugural Address* an der St. Andrew's Universität. Am 20. Mai hält Mill im Unterhaus eine Rede für das Frauenwahlrecht. Erfolg mit der Kampagne für eine Gnadenfrist von zwei irischen Feniern, also Mitgliedern der irischen Unabhängigkeitspartei.

1868	Essay *England and Ireland* erscheint als Broschüre. Auflösung des Jamaica Committee. Mill trägt zu den Wahlkampfkosten von Charles Bradlaugh bei, dem Apostel des Atheismus. Im November erleidet Mill bei der Neuwahl des Unterhauses eine Niederlage. Er zieht nach Avignon.
1869	Das bereits 1861 geschriebene Werk *The Subjection of Women* erscheint. Mill plant ein Buch über den Sozialismus.
1870–73	Mill unterstützt die «Land Tenure Reform Society».
1873	*Tract on Right of Property in Land.* Am 7. Mai stirbt Mill in Avignon. Er wird am folgenden Tag neben seiner Frau beerdigt. Postum erscheint im gleichen Jahr seine *Autobiography*.
1874	*Three Essays on Religion.*
1879	*Chapters on Socialism* («Fortnightly Review»).

Zeugnisse

Peter Glassman
Mills Leben und Literatur lehren uns, daß Krankheit zu Gesundheit werden kann. Unordnung und Verzweiflung können in Einsicht, Scharfsinn und Fähigkeit verwandelt werden. Pathologisches kann kreativ werden. Mills Kindheit war grotesk, und sie sollte seinen Charakter verkrüppelt haben. Er sollte gedrückt, klein, narzißtisch und grausam werden. Doch er wurde nichts von alledem. Er wurde wißbegierig, großzügig, herzlich, versöhnlich, erfindungsreich und hoffnungsvoll.
J. S. Mill. The Evolution of a Genius, Gainesville 1985

Karl Britton
Mill war mehr als ein Philosoph. Er war ein radikaler Reformer im politischen und gesellschaftlichen Leben; und es scheint gerechtfertigt zu sagen, daß seine Forschungen in der Logik und wissenschaftlichen Methodik, seine Theorien der Moral und der Gesellschaft alle unternommen wurden mit praktischen Zwecken im Blickfeld. In dieser Hinsicht war er ebenfalls ein typischer Jünger der Philosophischen Radikalen.
John Stuart Mill, London 1953

R. J. Hallyday
Mill war ein vorsichtiger und unsicherer Pessimist, mit einem außergewöhnlich scharfen Sinn für die Gefahren erster Prinzipien und großer Theorien. Er schien sich immer fast in einen ernüchterten Pessimismus zurückzuziehen, und man sah oft, wie er seinen Kopf in einer Mischung aus Unglauben und Enttäuschung schüttelte. […] Mill entwarf seine politische Theorie mit wenigen Endzielen; er war stärker an der Führung einer kontinuierlichen Bewegung interessiert als am Erreichen eines bestimmten Zielorts. In dieser Hinsicht konnte jedem auftauchenden Extrem widerstanden werden, und jede bittere Kontroverse konnte höflich ermutigt werden, sich in eine bequeme Übereinkunft aufzulösen. Dies war der ganze Sinn von Mills Eklektizismus und seine dauerhafteste Verpflichtung als politischer Denker. Konsens war in der Tat sein grundlegender Wert.
John Stuart Mill, London 1976

Bertrand Russell
Er machte Rationalismus und Sozialismus respektabel, obwohl sein Sozialismus von prämarxistischer Art war, die kein Anwachsen der Macht des Staates beinhaltete. Sein Eintreten für die Gleichheit der Frauen gewann am Ende fast welt-

weite Akzeptanz. Sein Buch «Über Freiheit» bleibt ein Klassiker: Obwohl es einfach ist, seine theoretischen Mängel zu zeigen, steigt sein Wert, so wie die Welt sich weiter und weiter von seinen Lehren entfernt. Die gegenwärtige Welt würde ihn erstaunen und erschrecken; aber sie würde besser sein, als sie ist, wenn seine ethischen Prinzipien stärker respektiert würden.

John Stuart Mill. Lecture on a Master Mind, Henriette Hertz Trust of the British Academy, London 1955

John P. Plamenatz

Er war oft verwirrt durch die Schwierigkeiten seines eigenen Denkens, ohne Kenntnis der Implikationen dessen, was er gesagt hatte und was immer noch bewiesen werden mußte. Er konnte eine Doktrin komplett aufgeben, wenn er dachte, daß er sie mit der größten Wärme verteidigte. [...] Er hatte einen Verstand, der außergewöhnlich aufgeschlossen für gute Ideen war, unabhängig von ihrem Ursprung, und der manchmal fähig war, sie zu erfinden.

The English Utilitarians, Oxford 1949

George Stigler

John Stuart Mill wird heute als ein mittelmäßiger Nationalökonom von ungewöhnlicher literarischer Potenz betrachtet, ein geläufiges, schlaffes Echo auf Ricardo. Dies Urteil ist fast allgemein, und ich glaube nicht, daß Mill im zwanzigsten Jahrhundert einen glühenden Bewunderer gefunden hat.

Originality in Scientific Progress, in: Economica, Bd. 22, 1955

James Fitzjames Stephen

Diejenigen, die Mill nur durch seine Schriften kannten, kannten nur die Hälfte von ihm, und nicht die beste Hälfte.

Zitiert nach den Briefen von Charles Eliot Norton, Bd. I, S. 331, in: Norton, Sarah (Hg.); The Letters of Charles Eliot Norton, 2 Bde., London 1913

Friedrich August von Hayek

Er wird wieder anerkannt werden als eine der wirklich großen Figuren seines Zeitalters, eine große moralische Figur, vielleicht eher als ein großer Denker, und eine, in der sogar seine rein intellektuellen Leistungen hauptsächlich seiner profunden Überzeugung vom überlegenen moralischen Wert unerbittlicher intellektueller Anstrengung zuzuschreiben sind.

John Stuart Mill and Harriet Taylor, London 1951

A. W. Anikin

Ihm gefiel diese Welt der unerbittlichen baren Zahlung durchaus nicht, aber er glaubte, daß die finstersten Seiten dieser Welt allmählich der Vergangenheit angehören würden. Mill hat sich sogar für den Sozialismus interessiert, natürlich nur für einen auf evolutionärem Wege, ohne Erschütterungen und Klassenkampf werdenden Sozialismus. Doch hat er sich letztlich als Ideenträger der «geschmähten Mitte», als Meister der Kompromisse und des Eklektizismus erwiesen. Er wollte die politische Ökonomie des Kapitals mit den Forderungen der Arbeiterklasse vereinbaren, die sich schon nicht mehr ignorieren ließen.

Ökonomen aus drei Jahrhunderten, Frankfurt a. M. 1974

Mill-Denkmal in Embankment Gardens, nahe Temple Station

Isaiah Berlin
Er war der Lehrer einer Generation, einer Nation, aber immer noch nicht mehr als ein Lehrer, kein Schöpfer oder Innovator. Er steht für keine dauerhafte Entdeckung oder Erfindung. Er machte kaum einen bedeutenden Fortschritt in Logik oder Philosophie oder Ökonomik oder politischem Denken. Aber seine Bandbreite und seine Fähigkeit der Anwendung von Ideen auf Felder, in denen sie Früchte tragen konnten, war ohne Beispiel.
John Stuart Mill and the Ends of Life, in: Four Essays on Liberty, London 1969

Bibliographie

1. Bibliographien

MacNinn, Ney/Hainds, J. R./McCrimmon, James McNab: Bibliography of the Published Writings of John Stuart Mill. Evanston, Ill. 1945 (die vollständigste Bibliographie von Mills Schriften, die auf dem von Mill selbst angefertigten Verzeichnis seiner zahlreichen Veröffentlichungen basiert)

Robson, John M. (Hg.): Mill News Letter. Toronto 1965 ff. (enthält vollständige Bibliographien der Sekundärliteratur zu Mill)

Schneewind, J. B. (Hg.): Mill. A Collection of Critical Essays. London 1969 (brauchbare Auswahlbibliographie)

McCloskey, H. J.: John Stuart Mill. A Critical Study. London 1971 (brauchbare Auswahlbibliographie)

2. Die deutsche Gesamtausgabe

Mill, John Stuart: Gesammelte Werke. Autorisierte Übersetzung unter Redaktion von Theodor Gomperz. Neudruckausgabe der letzten deutschen Ausgaben in 12 Bänden. Aalen 1968

Band 1: Die Freiheit. (Übers. von Theodor Gomperz) – Das Nützlichkeitsprinzip. (Übers. von A. Wahrmund) – Rektoratsrede (Übers. von A. Wahrmund). (Neudruck der Ausgabe Leipzig 1869)

Band 2: System der deduktiven und induktiven Logik. Eine Darlegung der Grundsätze der Beweislehre und der Methoden wissenschaftlicher Forschung. Unter Mitwirkung des Verfassers übers. und mit Anmerkungen versehen von Theodor Gomperz. Band 1 (Neudruck der Ausgabe Leipzig 1884)

Band 3: System der deduktiven und induktiven Logik. Eine Darlegung der Grundsätze der Beweislehre und der Methoden wissenschaftlicher Forschung. Unter Mitwirkung des Verfassers übers. und mit Anmerkungen versehen von Theodor Gomperz. Band 2 (Neudruck der Ausgabe Leipzig 1885)

Band 4: System der deduktiven und induktiven Logik. Eine Darlegung der Grundsätze der Beweislehre und der Methoden wissenschaftlicher Forschung. Unter Mitwirkung des Verfassers übers. und mit Anmerkungen versehen von Theodor Gomperz. Band 3 (Neudruck der Ausgabe Leipzig 1886)

Band 5: Grundsätze der Politischen Ökonomie. Nebst einigen Anwendungen der-

selben auf die Gesellschaftswissenschaft. Band 1. Übers. von Adolf Soetbeer. (Neudruck der Ausgabe Leipzig 1881)
Band 6: Grundsätze der Politischen Ökonomie. Nebst einigen Anwendungen derselben auf die Gesellschaftswissenschaft. Band 2. Übers. von Adolf Soetbeer. (Neudruck der Ausgabe Leipzig 1885)
Band 7: Grundsätze der Politischen Ökonomie. Nebst einigen Anwendungen derselben auf die Gesellschaftswissenschaft. Band 3. Übers. von Adolf Soetbeer. (Neudruck der Ausgabe Leipzig 1869)
Band 8: Betrachtungen über Repräsentativregierung. Übers. von Eduard Wessel. (Neudruck der Ausgabe Leipzig 1873)
Band 9: Auguste Comte und der Positivismus. Übers. von Elise Gomperz. Vermischte Schriften: Recht und Unrecht des Staates in bezug auf Kooperations- und Kirchengüter. – Der Papiergeldschwindel. – Einige Bemerkungen über die Französische Revolution. – Gedanken über Poesie und ihre verschiedenen Arten. – Professor Sedgwicks Vortrag über die Studien an der Universität Cambridge. (Neudruck der Ausgabe Leipzig 1874)
Band 10: Vermischte Schriften. Politischen, Philosophischen und Historischen Inhalts. Übers. von Eduard Wessel. Band 1. (Civilisation. – Über Aphorismen. – Armand Carrel. – Eine Prophezeiung. – Alfred de Vigny. – Bentham. – Coleridge. – Anhang.) (Neudruck der Ausgabe Leipzig 1874)
Band 11: Vermischte Schriften. Politischen, Philosophischen und Historischen Inhalts. Übers. von Eduard Wessel. Band 2. (Alexis de Tocqueville über die Demokratie in Amerika. – Die Rechtsansprüche der Arbeit. – Guizot's historische Aufsätze und Vorlesungen. – Älteste griechische Geschichte und Sage. – Rechtfertigung der französischen Februarrevolution gegen die Angriffe Lord Brougham's und Anderer.) (Neudruck der Ausgabe Leipzig 1875)
Band 12: Vermischte Schriften. Band 3. Über Frauenemanzipation. Plato. Arbeiterfrage. Sozialismus. Übers. von Sigmund Freud. (Neudruck der Ausgabe Leipzig 1880)

3. Die englische Gesamtausgabe

Collected Works of John Stuart Mill. Toronto and London: University of Toronto Press/Routledge and Kegan Paul. 1963 ff.
1. Autobiography and Literary Essays.
Hg., mit einer Einleitung, von John M. Robson und Jack Stillinger, 1981
2, 3. Principles of Political Economy. With Some of Their Applications to Social Philosophy.
Hg., mit einer Einführung, von John M. Robson. Einleitung von V. W. Bladen. 1967
4, 5. Essays on Economics and Society.
Hg., mit einer Einführung, von John M. Robson. Einleitung von Lord Robbins. 1967
6. Essays on England, Ireland, and the Empire.
Hg., mit einer Einführung, von John M. Robson. Einleitung von Joseph Hamburger. 1982
7, 8. A System of Logic Ratiocinative and Inductive.

Hg., mit einer Einführung, von John M. Robson. Einleitung von R. F. McRae. 1973
9. An Examination of Sir William Hamilton's Philosophy and of the Principal Philosophical Questions Discussed in his Writings.
Hg., mit einer Einführung, von John M. Robson. Einleitung von Alan Ryan. 1979
10. Essays on Ethics, Religion and Society.
Hg., mit einer Einführung, von John M. Robson. Einleitung von F. E. L. Priestley und D. P. Dryer. 1969
11. Essays on Philosophy and the Classics.
Hg., mit einer Einführung, von John M. Robson. Einleitung von F. E. Sparshott. 1978
12, 13. The Earlier Letter of John Stuart Mill, 1812–1848.
Hg. von Francis E. Mineka. Einleitung von F. A. Hayek. 1962
14, 15, 16, 17. The Later Letters of John Stuart Mill, 1848–1873.
Hg., mit einer Einleitung, von Francis E. Mineka und Dwight N. Lindley. 1972
18, 19. Essays on Politics and Society.
Hg., mit einer Einführung, von John M. Robson. Einleitung von Alexander Brady. 1977
20. Essays on French History and Historians.
Hg., mit einer Einführung, von John M. Robson. Einleitung von John C. Cairns. 1985
21. Essays on Equality, Law and Education.
Hg., mit einer Einführung, von John M. Robson. Einleitung von Stefan Collini. 1984
22, 23, 24, 25. Newspaper Writings.
Hg. von Ann P. Robson und John M. Robson. Einleitung von Ann P. Robson. Einführung von John M. Robson. 1986
26, 27. Journals and Debating Speeches.
Hg., mit einer Einführung, von John M. Robson. 1988
28, 29. Public and Parliamentary Speeches.
Hg. von John M. Robson und Bruce L. Kinzer. Einleitung von Bruce L. Kinzer. Einführung von John M. Robson. 1988
30. Writings on India.
Hg. von John M. Robson, Martin Moir und Zawahir Moir. Einleitung von Martin Moir. Einführung von John M. Robson. 1990
31. Miscellaneous Writings.
Hg., mit einer Einführung, von John M. Robson. 1989

4. Bücher von John Stuart Mill

(1843) A System of Logic Ratiocinative and Inductive. London (CW VII–VIII. 1973, Ausgabe letzter Hand: 8. Auflage 1872)
(1844) Essays on Some Unsettled Questions of Political Economy
– Of the Law of Interchange Between Nations (CW IV. 1967, S. 232–261)
– Of the Influence of Consumption on Production (CW IV. 1967, S. 262–279)

– Of the Words Productive and Unproductive (CW IV. 1967, S. 280–289)
– On Profits and Interest (CW IV. S. 290–308)
– On the Definition of Political Economy (zuerst 1836; CW IV. 1967, S. 309–339)
(1848) Principles of Political Economy with Some of Their Applications to Social Philosophy (Ausgabe letzter Hand: 7. Auflage 1871) (CW II–III. 1965); dt.: Grundsätze der Politischen Ökonomie. 2 Bde. Jena 1921 und 1924
(1859–1875) Dissertations and Discussions. Political, Philosophical and Historical. 4 Bde. London
– Civilisation. Bd. I, S. 160–205
– Bentham. Bd. I, S. 330–392
– De Tocqueville on Democracy in America. Bd. II, S. 1–83
– Michelet's History of France. Bd. II, S. 120–180
– Dr. Whewell on Moral Philosophy. Bd. II, S. 450–509
– Berkeley's Life and Writings. Bd. IV, S. 154–187
(1859) Thoughts on Parliamentary Reform. London (CW XIX. 1973, S. 311–339)
(1859) On Liberty. London (Ausgabe letzter Hand: 4. Auflage 1871) (CW XVIII. 1977, S. 213–310); dt.: Über Freiheit. Übers. von Achim von Borries. Frankfurt a. M. 1987
(1861) Utilitarism. London (1. Auflage 1863. Ausgabe letzter Hand: 4. Auflage 1871) (CW X. 1969, S. 203–259) (zuerst in: Fraser's Magazine. LXIV. Oktober 1861, S. 391–406; November 1861, S. 525–534; Dezember 1861, S. 658–673); dt.: Der Utilitarismus. Übers. von Dieter Birnbacher. Stuttgart 1985
(1861) Considerations on Representative Government. London (Ausgabe letzter Hand: 3. Auflage 1865) (CW XIX. 1977, S. 371–577); dt.: Betrachtungen über die repräsentative Demokratie. Paderborn 1971
(1865) An Examination of Sir William Hamilton's Philosophy. London (Ausgabe letzter Hand: 4. Auflage 1872) (CW IX. 1979); dt.: Eine Prüfung der Philosophie Sir William Hamiltons. Übers. von Hilmar Wilmanns. Halle a. S. 1908
(1865) Auguste Comte and Positivism. London (CW X. 1969, S. 261–368) (zuerst in: Westminster and Foreign Quarterly Review. LXXXIII. April 1865, S. 339–405; LXXXIV. Juli 1865, S. 1–42)
(1867) Inaugural Address at St. Andrews. London
(1867) Speech on Personal Representation. London
(1868) England and Ireland (Ausgabe letzter Hand: 5. Auflage 1869). (CW VI. 1982, S. 505–532)
(1869) The Subjection of Women. London; dt.: Die Hörigkeit der Frau. Übers. von Jenny Hirsch. Frankfurt a. M. 1991
(1873) Autobiography. Hg. von Helen Taylor. London (CW I. 1981, S. 1–290); dt.: John Stuart Mills Selbstbiographie. Übers. von Carl Kolb. Stuttgart 1874
(1874) Three Essays on Religion. London (CW X. 1969, S. 369–489); dt.: Drei Essays über Religion. Stuttgart 1984

5. Wichtige Artikel von John Stuart Mill

(1824) War Expenditure. In: Westminster Review II. Juli, S. 27–48. (CW IV. 1967, S. 1–22)
(1825) The Quarterly Review on Political Economy. In: Westminster Review III. Januar, S. 213–232 (CW IV. 1967, S. 23–43)

(1825) The Corn Laws. In: Westminster Review III. April, S. 394–420 (CW IV. 1963, S. 45–70)
(1831) The Spirit of the Age. In: The Examiner. VI. Januar – 29. Mai (wiederabgedruckt in: Hayek, 1942)
(1834) Miss Martineau's Summary of Political Economy. In: Monthly Repository. VIII. Mai, S. 318–322 (CW IV. 1963, S. 225–228)
(1835) Rationale of Representation. In: London Review I. Juli, S. 341–371 (CW XVIII. 1977, S. 117–147)
(1835) De Tocqueville on Democracy in America I. In: London and Westminster Review III, S. 85–129
(1835) Civilization. In: London and Westminster Review III. XXV. April, S. 1–28 (CW XVIII. 1977, S. 11–147)
(1836) On the Definition of Political Economy; and on the Method of Philosophical Investigation in that Science. In: London and Westminster Review IV. XXVI. Oktober, S. 1–29 (geänderter Titel in den Essays: On Some Unsettled Questions of…)
(1838) Bentham. In: London and Westminster Review. VII. XXIX. August, S. 467–506 (CW X. 1969, S. 75–115)
(1840) Coleridge. In: London and Westminster Review. XXXIII. März, S. 257–302 (CW X. 1969, S. 117–163)
(1840) De Tocqueville on Democracy in America II. In: Edinburgh Review LXXII. Oktober, S. 1–47 (CW XVIII. 1977, S. 153–204)
(1852) Whewell on Moral Philosophy. In: Westminster and Foreign Quarterly Review. LVIII. Oktober, S. 349–385 (CW I. 1969, S. 165–201)
(1862) Centralisation. In: Edinburgh Review. CXV. April, S. 323–358 (CW XIX. 1977, S. 579–613)
(1879) Chapters on Socialism. In: Fortnightly Review. N. S. XXV. Februar, S. 217–237. März, S. 373–382. April, S. 513–530 (CW V. 1967, S. 703–753)

6. Biographien und Lebenszeugnisse

Bain, Alexander: John Stuart Mill. A Criticism: With Personal Recollections. London 1882
Borchard, Ruth: John Stuart Mill. The Man. London 1957
Courtney, William Leonard: The Life of John Stuart Mill. London 1889
Elliot, H. S. R. (Hg.): The Letters of John Stuart Mill. 2 Bde. London 1910
Fox Bourne, H. R. (Hg.): John Stuart Mill. Notices of his Life and Works. London 1873
Gomperz, Theodor: Essays und Erinnerungen. Stuttgart und Leipzig 1905
Hayek, Friedrich August von: John Stuart Mill and Harriet Taylor. Their Friendship and Subsequent Marriage. London 1951
Herzen, Alexander: Mein Leben. Memoiren und Reflexionen. Band 3 (1852–1868). Berlin 1962
Kamm, Josephine: John Stuart Mill in Love. London 1977
Levi, Albert William: The ‹Mental Crisis› of John Stuart Mill. In: Psychoanalytical Review XXXII (1945), S. 86–101
Lévy-Bruhl, L. (Hg.): Lettres inédites de John Stuart Mill à Auguste Comte. Paris 1899

Marston, Mansfield: The Life of J. S. Mill. London 1873
Mill, Anna Jean: J. S. Mill's Visit to Wordsworth. 1831. In: Modern Language Review 44 (1949), S. 341–350
–: J. S. Mill's Boyhood Visit to France. Being a Journal and Notebook Written by J. S. Mill in France. 1820–21. Toronto 1960
Packe, Michael St. John: The Life of John Stuart Mill. New York/London 1954
Pappé, H. O.: John Stuart Mill and the Harriet Taylor Myth. Parkville, Victoria/London 1960
Rey, Pasteur Louis: Le Roman de John Stuart Mill. Paris 1913
–: John Stuart Mill en Avignon. Vaison 1921
Roebuck, John Arthur: Life and Letters of J. A. Roebuck. Hg. von R. E. Leader. London 1897
Saenger, Samuel: John Stuart Mill. Sein Leben und Lebenswerk. Stuttgart 1901
Stephen, Leslie: The English Utilitarians. 3 Bde. Vol. III: John Stuart Mill. London 1900
Stillinger, Jack: The Text of John Stuart Mill's Autobiography. In: Bulletin of the John Rylands Library. XLIII (1960), S. 220–242
Stillinger, Jack: The Early Draft of John Stuart Mill's Autobiography. Urbana 1961
Stillinger, Jack (Hg.): John Stuart Mill. Autobiography. London 1971
Taylor, Algernon: Memories of a Student. London ²1895
Taylor, Harriet: The Enfranchisement of Women. In: The Westminster and Foreign Quarterly Review LV, Juli 1851
Taylor, Henry: Autobiography. 2 Bde. London 1885

7. Über John Stuart Mills Werk

Alexander, Patrick Proctor: Mill and Carlyle. An Examination of Mr. John Stuart Mill's Doctrine of Causation in Relation to Moral Freedom. Edinburgh 1866
Anna, Julia: Mill and the Subjection of Women. In: Philosophy 52 (1977), S. 179–194
Anschutz, Richard Paul: The Philosophy of John Stuart Mill. Oxford/New York 1953
–: J. S. Mill, Carlyle, and Mrs. Taylor. In: Political Science 7 (1955), S. 65–75
Berlin, Isaiah: John Stuart Mill and the Ends of Life. In: Berlin, Isaiah: Four Essays on Liberty. London 1969, S. 173–206; dt.: John Stuart Mill und die Ziele des Lebens. In: Berlin, Isaiah: Freiheit. Vier Versuche, Frankfurt a. M. 1995, S. 257–296
Bogen, James/Farrell, Daniel M.: Freiheit und Glück in Mills Plädoyer für Freiheit. In: Claeys, Gregory (Hg.): Der soziale Liberalismus John Stuart Mills. Baden-Baden 1987, S. 57–75
Bohnen, A.: Die utilitaristische Ethik als Grundlage der modernen Wohlfahrtsökonomik. Göttingen 1964
Britton, Karl: John Stuart Mill. London/New York 1953, ²1969
Burns, J. H.: J. S. Mill and Democracy. 1829–1861. In: Political Studies V, 2 und 3 (1957), S. 158–175 und S. 281–294
–: The Light of Reason. Philosophical History in the Two Mills. In: Robson, John M./Laine, Michael (Hg.): James and John Stuart Mill. Papers of the Centenary Conference. Toronto 1976, S. 3–20

Carlisle, Janice: John Stuart Mill and the Writing of Character. Athens, Georgia/London 1991
Claeys, Gregory (Hg.): Der soziale Liberalismus John Stuart Mills. Baden-Baden 1991
Courtney, William Leonard: The Metaphysics of John Stuart Mill. London 1879
Cowling, Maurice: Mill and Liberalism. Cambridge 1963
Cranston, Maurice: John Stuart Mill. London 1958
Cressati, Claudio: La liberta e le sue garanzie. Il pensiero politico di John Stuart Mill. Bologna 1988
Davidson, William Leslie: Political Thought in England. The Utilitarians from Bentham to J. S. Mill. London 1957
De Schweinitz, Karl: John Stuart Mill and India. In: Research in the history of economic thought and methodology 2 (1984), S. 47–61
Duncan, Graeme: Marx and Mill. Two Views of Social Conflict and Social Harmony. Cambridge 1974
Gräfrath, Bernd: John Stuart Mill. Über die Freiheit. Ein einführender Kommentar. Paderborn 1992
Gray, John: Mill on Liberty. A defence. London 1983
Halévy, Élie: La formation du radicalisme philosophique. 3 Bde. Paris 1901–1904
Halliday, R. J.: John Stuart Mill. London 1976
Hamburger, Joseph: Intellectuals in Politics. John Stuart Mill and the Philosophical Radicals. New Haven/London 1965
Hamilton, Mary A.: J. St. Mill. London 1933
Harms, Jens (Hg.): «Über Freiheit». John Stuart Mill und die Politische Ökonomie des Liberalismus. Frankfurt a. M. 1984
Himmelfarb, Gertrude: On Liberty and Liberalism. The Case of John Stuart Mill. New York 1974
Hollander, Samuel: The Economics of John Stuart Mill. Bd. 1: Theory and Method. Bd. 2: Political Economy. Oxford 1985
Holthoon, F. L. van: The Road to Utopia. A Study of John Stuart Mill's Social Thought. Assen 1971
Jackson, Reginald: An Examination of the Deductic Logic of John Stuart Mill. Oxford 1941
Jacobs, Herbert: Rechtsphilosophie und politische Philosophie bei John Stuart Mill. Bonn 1965
Jenks, Edward: Thomas Carlyle und John Stuart Mill. Orpington 1888
Jevons, William Stanley: John Stuart Mill's Philosophy Tested. In: Contemporary Review. Dezember 1877, S. 167–182, und September/Dezember 1879, S. 521–538
Jones, H.: Mill's Argument for the Principle of Utility. In: Philosophy and Phenomenological Research 38 (März 1978), S. 338–354
Kubitz, Oskar A.: The Development of John Stuart Mill's System of Logic. Urbana/Illinois 1932
Ludwig, Mario: Die Sozialethik des John Stuart Mill. Zürich 1963
Marchi, Neil B. de: The Success of Mill's Principles. In: History of Political Economy 6, 2. (Sommer 1974), S. 119–157
–: John Stuart Mill (1806–1873). In: Starbatty, Joachim (Hg.): Klassiker des ökonomischen Denkens. Bd. 1. Von Plato bis John Stuart Mill. München 1989, S. 266–290

Mazlish, Bruce: James and John Stuart Mill. Father and Son in the Nineteenth Century. New York 1975
McCloskey, H. J.: John Stuart Mill. A Critical Study. London 1971
Mueller, Iris Wessel: John Stuart Mill and French Thought. Urbana, Illinois 1956
Neff, Emery: Mill and Carlyle. An Introduction to Victorian Thought. 2. rev. ed. New York 1926
Pankhurst, R. K. P.: The Saint Simonians, Mill and Carlyle. London 1957
Plamenatz, John P.: The English Utilitarians. Oxford 1949
Radcliff, Peter (Hg.): Limits of Liberty. Studies of Mill's «On Liberty». Belmont 1966
Rausch, Heinz: John Stuart Mill. In: Maier, Hans/Rausch, Heinz/Denzer, Horst (Hg.): Klassiker des politischen Denkens. Bd. II. München 1968, S. 240–261
Rees, John C.: Mill and His Early Critics. Leicester 1956
–: A Re-Reading of Mill on Liberty. In: Political Studies VIII (1960), S. 113–129
–: The Thesis of the Two Mills. In: Political Studies XXV (1977), S. 369–382
Reßler, Anni: Die beiden Mills. Ichenhausen 1929
Robson, John M.: The Improvement of Mankind. The Social and Political Thought of John Stuart Mill. Toronto/London 1968
Russell, Bertrand: John Stuart Mill. In: Schneewind, Jerome B. (Hg.): Mill. A Collection of Critical Essays. New York 1968/London 1969, S. 1–21
Ryan, Alan: The Philosophy of John Stuart Mill. London 1970, ²1987
–: John Stuart Mill. London/Boston 1974
Schumacher, Ralph: John Stuart Mill. Frankfurt a. M. 1994
Schwartz, Pedro: The New Political Economy of J. S. Mill. Durham, N. C. 1972
Semmel, Bernard: John Stuart Mill and the Pursuit of Virtue. New Haven/London 1984
Sharpless, Francis Parvin Jr.: The Literary Criticism of John Stuart Mill. Den Haag 1967
Stephen, James Fitzjames: Liberty, Equality, Fraternity. London 1873
Ten, C. L.: Mill on Liberty. Oxford 1980
Thieme, E.: Die Sozialethik J. St. Mills. Leipzig 1910
Thomas, William: The Philosophical Radicals. Nine Studies in Theory and Practice. 1817–1841. Oxford 1979
–: Mill. Oxford 1985
Thompson, Dennis: John Stuart Mill and Representative Government. Princeton 1976
Viner, Jacob: Bentham and J. S. Mill. The Utilitarian Background. In: American Economic Review 39 (1949), S. 360–382; wiederabgedruckt in: Viner, Jacob: The Long View and the Short. Studies in Economic Theory and Policy. Glencoe, Ill., S. 306–331
Wentscher, Else: Das Problem des Empirismus. Dargestellt an J. St. Mill. Bonn 1922
Wolf, Jean-Claude: John Stuart Mills «Utilitarismus». Ein kritischer Kommentar. Freiburg/München 1992
Wolff, Robert Paul: The Poverty of Liberalism. Boston 1968
Woods, Thomas: Poetry and Philosophy. A Study in the Thought of John Stuart Mill. London 1961

8. Weitere Literatur

Bain, Alexander: James Mill. A Biography. London 1882
Bentham, Jeremy: An Introduction to the Principles of Moral and Legislation. With an introduction of Lawrence J. Lafleur. New York 1948
–: Rationale of Judicial Evidence. Hg. von J. St. Mill. 5 Bde. London 1827
Bowring, John: Life of Bentham. London 1842
Carlyle, Thomas: Occasional Discourse on the Nigger Question. In: Fraser's Magazine, Dezember 1849
–: Latter-Day Pamphlets. London 1850
Comte, Auguste: Système de politique positive. Paris 1822 ff.
–: Cours de Philosophie Positive. 6 Bde. Paris [2]1864
Hare, Thomas: The Machinery of Representation. London 1857
–: The Election of Representatives, Parliamentary and Municipal. London 1873
Harrison, Ross: Bentham. London 1983
Helvétius, Claude-Adrien: De l'Esprit (1758). Paris 1909
Himmelfarb, Gertrude: Victorian Minds. New York 1968
Höffe, Otfried: Einführung in die utilitaristische Ethik. Einleitung. München 1975
Humboldt, Wilhelm von: Ideen zu einem Versuch, die Grenzen der Wirksamkeit des Staats zu bestimmen (1792). Breslau 1851; zitiert nach der Ausgabe Stuttgart 1967
James, William: The Principles of Psychology. Bd. 1. New York 1890
Laski, Harold J.: Political Thought in England from Locke to Bentham. London 1977
Lively, J./Rees, J. (Hg.): Utilitarian Logic and Politics. James Mill's ‹Essay on Government›. Macaulay's Critique and the Ensuing Debate. Oxford 1978
Macaulay, Thomas Babington: Mr. Mill's Essay on Government. In: Edinburgh Review 49 (1829), S. 159–189
Malthus, Thomas R.: An Essay on the Principle of Population as it affects the Future Improvement of Society. With Remarks on the Speculations of Mr. Godwin, M. Condorcet, and other Writers. London 1798
–: An Essay on the Principle of Population. Or a View of its Past and Present Effects on Human Happiness. With an Inquiry into our Prospects respecting the Future Removal or Mitigation of the Evils which it occasions. London 1803
Mill, James: History of British India. 3 Bde. London 1817; dt.: Geschichte des britischen Indien. 5 Bde. Quedlinburg/Leipzig 1839
–: Essay on Government. Beilage zur Encyclopedia Britannica. London [5]1820; wiederabgedruckt in: Lively, J./Rees, J. (Hg.): Utilitarian Logic and Politics. Oxford 1978, S. 53–95
–: Elements of Political Economy. London [3]1844 (Reprint 1965)
–: Analysis of the Phenomena of the Human Mind. Hg. von J. S. Mill. 2 Bde. London 1869
Norton, Sarah (Hg.): The Letters of Charles Eliot Norton. London 1913
Ricardo, David: On the Principles of Political Economy and Taxation. London 1871
Roebuck, J. A.: Life and Letters of J. A. Roebuck. Hg. von R. E. Leader. London 1897
Seikritt, Walter: Die dogmenhistorische Stellung von James Mill in der englischen Volkswirtschaftslehre. Frankfurt a. M. 1936 (Diss.)

Sowell, Thomas: Classical Economics Reconsidered. Princeton, New Jersey 1974
Steintrager, J.: Bentham. London 1977
Stigler, George J.: The Nature and Role of Originality in Scientific Progress. In: Economica XXII (Nov. 1955), S. 293–302
Tocqueville, Alexis de: Correspondance anglaise. Band 2 der Œuvres complètes. Hg. von J.-P. Mayer. Paris 1954
–: Über die Demokratie in Amerika (1835 und 1840), 2 Bände. München 1979
Warren, Howard Crosby: A History of the Association Psychology. London 1921
Whewell, William: Of Induction. With especial reference to Mr. J. Stuart Mill's

Namenregister

Die kursiv gesetzten Zahlen bezeichnen die Abbildungen

Über den Autor

Jürgen Gaulke, geboren 1963 in Willich. Journalistische Ausbildung an der Kölner Schule – Institut für Publizistik in Köln. Studium der Volkswirtschaftslehre, Politikwissenschaft, Soziologie und Philosophie in Köln und den USA. Promotion zum Dr. rer. pol. mit einer Arbeit über John Stuart Mill und Friedrich August von Hayek. Zwei Jahre Wirtschaftsredakteur bei der «Frankfurter Allgemeinen Zeitung». Seit Januar 1993 Redakteur beim «Manager Magazin». Bisherige Buchveröffentlichung u. a.: «Freiheit und Ordnung bei John Stuart Mill und Friedrich August von Hayek. Versuch, Scheitern und Antithese eines ethischen Liberalismus», Frankfurt a. M. 1994.

Quellennachweis der Abbildungen

Hulton Deutsch Collection, London: 2, 9, 14, 20, 30/31, 35, 42, 63, 65, 91, 93, 104, 112, 113, 123, 125, 145
National Portrait Gallery, London: 6, 13, 15, 23, 26, 27, 32, 39, 40, 47, 50, 60, 68, 109, 130
Archiv Gerstenberg, Wietze: 10/11, 12, 54, 81, 87
Privatsammlung: 19, 126
Roger-Viollet, Paris: 22, 41, 66, 98
National Galleries of Scotland, Edinburgh: 25
Archiv für Kunst und Geschichte, Berlin: 28, 43
Ullstein Bilderdienst, Berlin: 29, 33, 75
Aus: Friedrich August von Hayek: John Stuart Mill and Harriet Taylor. Their Friendship and Subsequent Marriage. London 1951: 45
British Library of Political and Economic Science, London: 48, 57, 72, 95
Aus: Michael St. John Packe: The Life of John Stuart Mill. New York/London 1954: 52
Yale University Library, New Haven, Conn.: 56
Aus: Gustave Doré. Das graphische Werk. Bd. 2. München 1975: 84
Bodleian Library, Oxford: 61 (43.1458.), 118
Bildarchiv Preußischer Kulturbesitz, Berlin: 97
Aus: John Stuart Mill: On Liberty. West Strand 1859: 101
British Library, London: 128